CRISTÓBAL COLÓN

CRISTÓBAL COLÓN

por Roberto Mares

Grupo Editorial Tomo, S.A. de C.V.
Nicolás San Juan 1043
03100 México, D.F.

1a. edición, febrero 2005.

© 2005, Grupo Editorial Tomo, S.A. de C.V.
Nicolás San Juan 1043, Col. Del Valle
03100 México, D.F.
Tels. 5575-6615, 5575-8701 y 5575-0186
Fax. 5575-6695
http://www.grupotomo.com.mx
ISBN: 970-666-545-5
Miembro de la Cámara Nacional
de la Industria Editorial No 2961

Proyecto: Marco Antonio Gómez Pérez
Diseño de Portada: Emigdio Guevara
Formación Tipográfica: Servicios Editoriales Aguirre, S.C.
Supervisor de producción: Leonardo Figueroa

Impreso en México - *Printed in Mexico*

CONTENIDO

Prólogo 7
Un origen misterioso 9
La génesis de una vocación 13
Colón en Portugal 17
La carta de Toscanelli 19
Visita a Porto Santo 25
La partida de Portugal 29
En España 33
Los tiempos de la conquista de Granada 37
En vísperas de la aventura 41
El primer viaje 47
Los resultados de la exploración 55
De nuevo en España 59
El segundo viaje 61
Colón en Puerto Rico 63
La tragedia de la *española* 69

El tercer viaje 73

Los hermanos en cautiverio 81

El cuarto viaje 89

Carta de Colón 97

Los últimos días 105

Testamento de Cristóbal Colón 107

Prólogo

Dice un antiquísimo proverbio chino: *Cuidado con lo que piensas porque tarde o temprano se te cumplirá;* y eso parece ser cierto en la experiencia práctica de la vida; nuestros proyectos y nuestros sueños (y también nuestros miedos y terrores) tienden a cumplirse, ya sea de manera real o simbólica; cuando se nos dan pensamientos intensos, precisos y largamente sostenidos, las ideas y las cosas parecen coincidir de una manera mágica, para que se lleve a efecto aquello que se ha gestado en nuestra imaginación.

Ésta es la historia de un hombre que desde niño "se hizo a la idea" de ser un héroe, un gran aventurero, un navegante descubridor de tierras de maravilla. Comenzó como un mitómano, inventándose una vida de ficción y narrando a la gente sus falsos viajes y sus hazañas de utilería mental, como para observar en los ojos de los demás la luz de una verdad premonitoria, de una creencia que llegó a ser tan poderosa que sus mitos se convirtieron en la materia misma de su existencia y marcaron el sentido de todos los actos de su vida.

Ésta es la historia de un mentiroso genial, de un hombre que supo sembrar en su mente y en su corazón la semilla de la gran aventura y la regó con empeñoso cuidado todos los días de su vida, nutriéndola con los jugos que destilaba su inteligencia y su pasión.

Ésta es la historia de un hombre extraordinariamente valeroso, no por echarse a la mar desconocida —eso lo hace cualquiera—, sino por haber tenido la osadía de desplegar sus velas ante los azarosos vientos del destino.

Ésta es la historia de un hombre sencillo, sin alcurnia, sin estudios y sin fortuna, que llegó a ser *Gran Almirante de la Mar Océana, Visorrey y Gobernador perpetuo, por siempre jamás, de todas las islas y tierra firme descubiertas o por descubrir.*

Ésta es la historia de Cristóbal Colón.

Roberto Mares

Un origen misterioso

Uno de los grandes temas de controversia ha sido hasta ahora la atribución de la patria de Cristóbal Colón. Actualmente más de setenta ciudades reclaman para sí el honor de haber sido el lugar de nacimiento del navegante. Pero ésta parece ser una disputa de carácter novedoso, pues en los tiempos de Colón, y aún siglos después, a nadie le importaba la procedencia de un hombre que se parecía más a un héroe mitológico que a un ser de carne y hueso. Aunque tal parece que él mismo no se preocupaba demasiado por esclarecer sus orígenes, o tal vez le resultaba conveniente guardar el secreto por una especie de pudor político al establecer nuevos vínculos que propiciaron su extraordinaria aventura; o tal vez prefirió renunciar a cualquier "patria chica" para adoptar la mayor de todas: el mundo entero. El caso es que, aparentemente, ni sus hijos llegaron a conocer con seguridad el origen de su estirpe. Algunas ciudades de Italia, Francia, Portugal, Cataluña, Galicia, Extremadura y Andalucía pretenden ser la cuna de Cristóbal Colón y para ello aducen toda clase de pruebas documentales o conjeturas históricas no siempre bien fundamentadas. En Portugal se sitúa su nacimiento en Lisboa y en Oporto; y en España, Colón resulta ser oriundo lo mismo de La Riega que de Pontevedra, de Sevilla, de la ciudad de Plasencia, en Extremadura, donde se afirma que fue nieto de un judío converso que se llamó Pablo de Santa Marta, quien fue obispo de Burgos y de Cartagena; asimismo, se dice que era mallorquino y muchos consideran tener las suficientes bases para afirmar que fue catalán, como veremos a continuación:

Según el historiador Antonio Ballesteros, más tarde secundado por Bartolomeu Costa-Amic (quien publicó en México un libro en lengua catalana al respecto), Cristóbal Colón fue catalán de origen y probablemente nacido en la propia Barcelona, además de que su verdadero nombre fue Joan Colóm. Se dice que la clave del secreto que guardó celosamente durante toda su vida, e incluso en el momento de su muerte, fue el hecho de que era hijo de un criminal que terminó ahorcado en un árbol de los terrenos de la Riera, lo que ahora es el conocido paseo de Las Ramblas, en Barcelona. Pero su hijo Joan, que era un muchacho inteligente y aficionado a las aventuras marinas desde su niñez, apoyado por un pariente, fue llevado a Italia y también se italianizó su nombre, con objeto de ocultar la mancha en el honor de la familia, cambiando de Joan Colón a Cristóforo Colombo.

En aquellos tiempos no era muy raro un cambio de personalidad, habida cuenta de la poca importancia que se concedía a la documentación personal, y los únicos documentos válidos eran los registros eclesiásticos, que fácilmente se perdían debido a la inestabilidad política. Esta hipótesis parece tener algún fundamento histórico, y lo que resulta más interesante de ella es que justifica el silencio guardado tan celosamente por el navegante, pues representa un vergonzoso origen.

Pero una de las hipótesis más difundidas y aceptadas es la que sitúa su nacimiento en Génova, en el año de 1451, según varios relatos de la época que parecen probatorios, aunque no del todo fidedignos, Cristóforo fue el hijo primogénito de un tabernero y tejedor genovés llamado Doménico Colombo, casado con Susana Fontanarrosa (o Fontanarrubea), nacida en el valle de Bisaguo. Los hermanos de Cristóforo, entonces, hubieran sido Bartolomé, Juan Pellegrino, Giácomo y Bianchetta. Juan Pellegrino y

Retrato de Cristóbal Colón, 1983. Curiosamente, ningún retrato de la época muestra rasgos físicos similares con respecto al Almirante.

Bianchetta aparentemente murieron muy jóvenes, pero Bartolomé y Giácomo (a quien se conoce como Diego), más tarde se ostentaron como legítimos hermanos de Cristóbal (ya hispanizado), con la finalidad de participar de los beneficios de sus hazañas.

La familia Colombo vivió sucesivamente en Génova, Saona y Villa Quinti. Doménico ejercía simultáneamente el oficio de tejedor de lana y el de hostelero, para complementar el ingreso familiar. También se dice que, en su juventud, Cristóbal estudió en la universidad de Padua, aprendiendo latín, retórica, astronomía y teología, aunque tal cosa no se apoya en registro alguno, además de que no se le reconoce al navegante una cultura académica propiamente dicha, aunque sí una serie de conocimientos prácticos y anecdóticos que se dice adquirió en la hostería del padre, a donde llegaban marineros de todas partes, lo que sería para él, de niño y adolescente, una fuente muy rica para elaborar toda clase de fantasías aventureras que, por supuesto, se relacionaban con los viajes por mar. La leyenda, que pretende pasar por historia, narra que en cierta ocasión el muchacho y su padre discutieron acerca del futuro, pues Cristóbal no quería ser hostelero o tejedor, y le dijo a su padre que frente al mar él se sentía como David frente a Goliat, y que, al igual que en la historia bíblica, él se sentía capaz de vencerlo.

La génesis de una vocación

Así que la clara vocación del adolescente Cristóbal era definitivamente el mar, y más que eso, seguramente era la lejanía del horizonte, lo desconocido, la aventura. Por supuesto, su padre hubiese deseado que continuara con su estilo de vida y de trabajo, lo que le aseguraría el sustento en el futuro; pero Cristóbal prefería contemplar el mar y proyectar en él un conjunto de inquietudes que seguramente todavía no tomaban forma, pero que lo impulsaron a tomar una importante determinación, que fue el pedir permiso a su padre para embarcarse, lo que tal vez le fue negado, a instancias de la madre durante algún tiempo en realidad bastante largo, pues no fue sino hasta la edad de veinticuatro años, en 1474 (en caso de haber nacido realmente en 1451), cuando finalmente se embarcó en la flota genovesa con rumbo al Oriente, aunque no iba como marinero, sino como pasajero, y en realidad cumpliendo el encargo de su padre de llevar un cargamento de telas para entregarlas a una casa comercial griega con la que la familia tenía negocios; así que la primera aventura marinera de Cristóbal Colón deja mucho que desear para los historiadores románticos.

La galera de la Señoría de Génova, en la que viajaba Cristóbal recorrió las islas del mar Egeo, tocando los puertos de Corfú, Chipre, Rodas y Lemnos. Aquella región del Mediterráneo carecía ya de riesgos y aventuras que había cantado Homero, y ahora era un tránsito relativamente seguro para el comercio, a pesar de que en esa época ya comenzaban las incursiones turcas que terminarían por dominar la zona.

Una vez entregada la mercancía, Colón volvió a Génova sin mayores contratiempos. A pesar de lo anodino del viaje, se reforzó en Cristóbal el gusto por el mar, y también se le volvió a despertar la imaginación, pues se dice que comenzó a atribuirse una serie de aventuras marinas que obviamente no hubiese podido vivir en aquel primer viaje, pero que de alguna manera influyeron en su destino.

Afortunadamente para Cristóbal, el negocio de exportación de la familia se encontraba en auge, lo que le permitió emprender un segundo viaje, en 1476, pero ahora en un sentido opuesto, hacia la remota Inglaterra.

Cuatro galeras de los armadores Giorgio Antonio di Negro y Niccola Spinola se disponían a zarpar hacia el Norte. Debían seguir la ruta mediterránea y atravesar las columnas de Hércules (estrecho de Gibraltar), para costear Portugal y Galicia por el promontorio de Sagres, Estuario del Tajo y el gigantesco cabo del Finisterre; y luego por el golfo de Vizcaya hasta el paso de Calais. Cristóbal iba una vez más como cualquier pasajero, pero ahora el viaje prometía ser mucho más interesante, y parecía más peligroso, pues cuando las galeras doblaran el cabo de San Vicente se podría contemplar a la izquierda el llamado "Mar de las tinieblas" o "Mar proceloso", que seguía siendo el enigma y el terror de los marineros y pocos se habían aventurado a ingresar en estas aguas que parecían infinitas.

Aunque Génova no estaba en guerra con ninguna nación, sus naves iban armadas y pertrechadas, principalmente para repeler el posible ataque de los piratas franceses, ingleses y portugueses, que no faltaban en aquellas latitudes. La prudente medida de armar al convoy comercial pronto encontró su justificación, pues apenas doblado el cabo de San Vicente, se avistaron unas naves que parecían hostiles, por lo que de inmediato se dio la orden de prepararse para el combate.

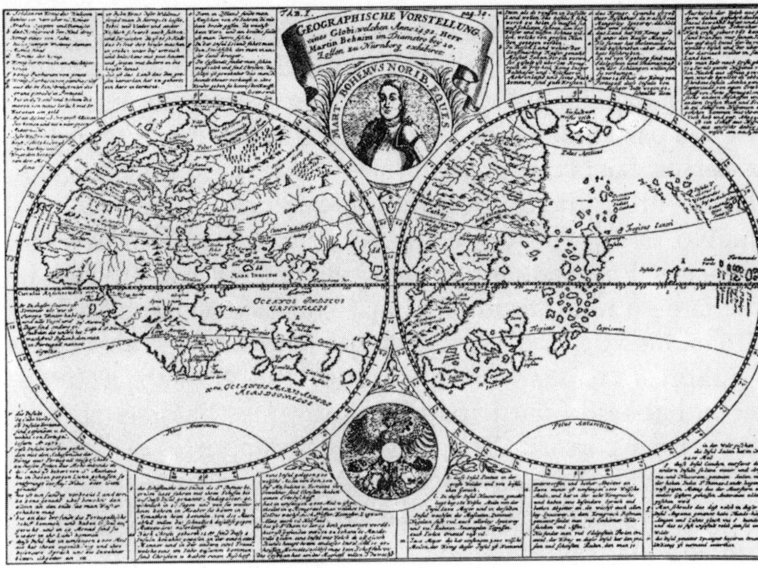

Mapamundi de la segunda mitad del siglo XV. Behaim.

Los navíos enemigos eran franceses y portugueses, al mando de un aventurero audaz, mitad almirante, mitad capitán pirata, de origen gascón y fiel servidor del rey de Francia llamado Guillaume Casanave de Coullon, quien era un corsario muy famoso en esos tiempos.

Para los piratas, un convoy genovés era una presa muy apetitosa, pues sabían que esos barcos se encontraban cargados de ricas mercaderías, por lo que decidieron interceptarlo, no sin antes conminarlos a la rendición; pero los genoveses no estaban dispuestos a entregarse sin resistencia y comenzó la batalla, que resultó ser larga y encarnizada; la galera en la que viajaba Colón fue alcanzada por la artillería enemiga y finalmente sometida, trabada con ganchos y cadenas según la costumbre de la época y de inmediato abordada; los tripulantes y pasajeros siguieron luchando cuerpo a cuerpo y en esa refriega Colón resultó herido, hasta que su nave comenzó a hundirse, pero él tuvo fuerza suficiente para lanzarse al mar y asirse a un madero, con lo que salvó su vida, a diferencia de muchos otros, que murieron en la batalla o ahogados después del hundimiento.

Así pasó muchas horas de angustia, herido y flotando a la deriva, hasta que para su fortuna fue avistado y rescatado por un grupo de pescadores, quienes lo llevaron a su pueblo, donde fue hospedado y permaneció hasta su recuperación. Entre aquella gente sencilla, Cristóbal dio rienda suelta a su natural mitomanía y cambió los papeles y las situaciones de la historia real, diciendo que el almirante Coullon era nada menos que su tío y que él estaba a su servicio, habiendo participado en múltiples batallas al lado del heroico corsario. Éste fue uno de los aportes de Colón a su propia leyenda; aunado a otras historias fantasiosas que había contado de sí mismo, como el atribuirse la participación en una travesía al mando de un navío del rey de Nápoles, habiéndose enterado de que en ese barco viajaba un tal Colón, probablemente aragonés, lo que también ha causado confusión histórica. Asimismo, aseguraba que él había navegado a las órdenes del capitán Colombo, en 1459, aunque si se comparan las fechas, Cristóbal entonces tendría unos diez años.

Es claro que Cristóbal estaba decidido a ser un gran aventurero, aunque comenzó creando artificiosamente esa imagen en la mente de los demás, pero más tarde sus hazañas rebasaron lo que él mismo hubiera podido imaginar.

Por supuesto, en su juventud, Colón prefería pasar a la historia como un aguerrido corsario y no como un simple comerciante en telas, por lo que se permitió la abierta mentira, o por lo menos el sesgo de la verdad, porque es el caso de que en sus ficciones hay siempre algo de autenticidad, como es la exactitud de los viajes a los que alude y la participación en ellos de algún personaje que podría ser él mismo, como Coullon o Colombo, por lo que algunos biógrafos dados a la literatura han tomado por verídicas estas historias.

Colón en Portugal

Habiendo llegado a las costas de Portugal, tras aquella batalla naval que pudo haberle costado la vida, y ya curado de sus heridas, Colón se internó en el territorio portugués bajo el nombre de Christovam o Christovao, que es una deformación de su propio nombre, pero coincide con el nombre de un portugués del que se decía que era un corsario, como el supuesto tío Coullon. Los navíos genoveses que se salvaron regresaron al puerto de Cádiz, pero Colón, que a la sazón contaba con 25 años, se quedó en Portugal, tal vez atraído por el gran prestigio marinero de los portugueses, que en aquellos tiempos representaban la vanguardia del espíritu expedicionario de Europa. En 1419 los lusitanos habían descubierto Madeira, en 1434, Gil Eanes, logró trascender el temible cabo Bojador, y en 1445, Dinis Dias había traspasado el Cabo Verde. Pero el verdadero impulsor de tales hazañas era el rey Enrique, llamado "el Navegante", quien era un decidido impulsor de la búsqueda de nuevas tierras y había fundado la escuela náutica de Sagres, en el cabo de San Vicente.

Fue también un portugués, Diego Gomes, quien había señalado desde tiempo atrás la posibilidad de llegar al Oriente por rutas no ortodoxas, como el dar la vuelta al continente africano, o incluso aventurarse por el Atlántico hacia Occidente, en busca de las islas y la tierra firme de la que hablaba Ptolomeo.

Colón estuvo ocho años en Portugal y no hay duda de que fue ahí donde en realidad se hizo marinero, no por los viajes, sino por sus conocimientos teóricos, en especial de la cartografía y cosmología, los que seguramente adquirió en sus contactos con los grandes navegantes portugueses. En Lisboa, Cristóbal se encontró con su hermano Bartolomé, quien era diez años más joven que él, lo que también representa un cierto enigma para los biógrafos, y sobre todo hace temblar la hipótesis del Colón catalán, pues la supuesta ejecución de su padre criminal no parece más sostenible en cuanto a los tiempos, dada la diferencia de edades de los hermanos (aunque pudiera ser que no lo fueran realmente) y las actividades comerciales de Cristóbal, congruentes con las del supuesto padre genovés.

La carta de Toscanelli

Cualquiera que fuese el motivo de la presencia de Bartolomé en Portugal, lo que en realidad importa es el hecho de que los hermanos se ganaban la vida como copistas, dibujantes o diseñadores de cartas geográficas o de navegación, e incluso navegando ocasionalmente. La práctica del arte de la cartografía es, además de un dato importante para entender la formación de Colón como navegante, una posible pista para el desentrañamiento de su origen, como señala Salvador de Madariaga, quien establece una vinculación entre los judíos de Barcelona, Mallorca, Génova y Lisboa:

Eran entonces, como es sabido, la cosmografía, la astronomía y el arte de hacer cartas de marear, ocupaciones, si no exclusivas, por lo menos predominantes de los judíos. Una mayor libertad de pensamiento, una mejor disposición hacia las lenguas orientales, el continuo viajar y, por tanto, un mejor conocimiento de las rutas; mayor información sobre tierras lejanas a causa de la universalidad de su raza y de su actividad comercial, eran todas estas circunstancias favorables para que la gente hebrea figurase a la cabeza del noble esfuerzo que entonces se hacía para desarrollar el conocimiento de la tierra y del cielo, y de su verdadero tamaño y forma.

En Lisboa había florecido siempre y seguía floreciendo entonces una rica y activa colonia judía, cuyo prestigio, tanto social como intelectual, había subido en época reciente gracias a la fuerte proporción de maestros cosmógrafos y de hombres de ciencia hebreos que figuraban entre los que el infante Don Enrique había reunido en Sagres. Al tiempo que Colón llega a Lisboa, figuran a la cabeza de esos estudiosos dos ilustres judíos, Mestre Joseph Viznho, médico del rey, y el célebre astrónomo español Abraham Zacuto.

En el año 1470, Alfonso V de Portugal nombró a su hijo, el infante Juan II, como jefe de las expediciones portuguesas que buscaban el descubrimiento de nuevas tierras. Este príncipe impulsó las exploraciones lusitanas, estableció reglamentos sobre el tráfico marítimo y auspició la construcción de barcos. En aquella época sólo se pensaba en una ruta alternativa para llegar a la India, que era el bordear las costas africanas, y fue precisamente en ese proyecto que se empeñaron los esfuerzos portugueses, coordinándolo todo desde Lisboa, y fue ahí donde el canónigo Fernao Marins le hizo saber al infante Juan que en un viaje a Italia había conocido a un famoso físico y matemático florentino llamado Paolo del Pozzo Toscanelli, quien estaba convencido de que era posible navegar por el Poniente hacia la India, lo que interesó al príncipe, quien le pidió a Marins que le escribiera a Toscanelli para solicitarle mayor información sobre el asunto. Toscanelli respondió con una carta fechada el 24 de junio de 1477, y en ella también enviaba:

... un mapa hecho con mis propias manos, en el que se dibujan los litorales e islas desde los cuales es posible iniciar el viaje hacia el Oeste, así como los lugares donde se debe arribar, en relación con el Polo y la línea Equinoccial, así como cuántas leguas se deben cruzar para llegar a aquellas regiones fertilísimas de toda clase de gemas y aromas, y no debe extrañar que se llame Oeste a la tierra de las especias, aunque sea usual decir que las especias vienen de Oriente, porque el que navegue hacia el Poniente por el hemisferio inferior encontrará siempre aquellas partes del Oeste, y el que viaje por tierra en el hemisferio superior las encontrará al Oriente.

En la carta de Toscanelli se señalan las medidas de la tierra y las distancias entre la costa occidental de Europa y la oriental de Asia. Según el físico florentino, resultaba más sencillo llegar a la India, China o Japón por el Occidente, que por el Oeste, bordeando África. Según el historiador Morales Pedrero, Colón pudo leer la carta de Toscanelli en 1477, la que en realidad se basaba en los datos que aportaba Marco Polo, proyectando la carta geográfica a partir de los 30º de longitud que Polo había añadido al extremo de China; pero Colón, siguiendo al navegante Marino de Tiro, tomó como parámetro los 45º de extensión hacia el Este, por lo que pensó que la distancia marítima entre Europa y Asia era menor que la que suponía Toscanelli, quien señala 3,000 millas náuticas entre las islas Canarias y Japón, mientras que en la medición de Colón habían solamente 2,400, lo que en ambos casos se queda bastante corto, pues en realidad existen 10,600 millas náuticas entre Canarias y Japón.

Se dice que Colón había leído con mucho detenimiento el libro *Imago Mundi*, de Pierre d'Ailly, y por supuesto la *Astronomía* de Ptolomeo, además de que se piensa que pudiera haber realizado un viaje previo a la isla de *Thule*, o sea, a Islandia, siguiendo las rutas vikingas, lo que parece corroborarse con la siguiente anotación de fray Bartolomé de Las Casas, uno de sus principales biógrafos:

En las notas de Colón acerca de las cinco zonas habitables, lo que prueba su experiencia en la navegación, dice así: "Yo navegué el año de cuatrocientos y setenta y siete, en el mes de febrero, ultra Thule, isla de cien leguas, cuya parte austral dista del equinoccial 73º y no 63º como dicen algunos, y no se encuentra dentro de la línea que incluye el Occidente, como dice Ptolomeo, sino mucho más occidental, y a esta isla, que es tan grande como Inglaterra, van los ingleses con mercaderías, especialmente de Bristol, al tiempo que yo a ella fui no estaba congelado el mar, aunque había grandísimas mareas, tanto que en algunas partes dos veces al día subía la marea 25 brazas o descendía otras tantas de altura".

Identificada con Islandia, Thule habría sido descubierta por el navegante griego Piteas de Marsella, y según él se encontraba a seis días de navegación al norte de las Orcadas.

Era la tierra más lejana de la que los antiguos tuvieran conocimiento hacia la Noroeste. En el Renacimiento, el geógrafo Ortelius, recordando que Séneca era hispano, interpreta como muy lógico que se tratara de una verdadera profecía del descubrimiento. El mismo Séneca, como antes Eratóstenes o Posidonio de Apamea estaban convencidos de la esfericidad de la tierra, en lo único que disentían era en la mayor o menor longitud del diámetro de su circunferencia. El mismo Séneca había escrito al respecto: *Un observador ávido de curiosidades no puede menos que despreciar la estrechez de nuestra habitación terrestre y preguntarse: ¿cuál el intervalo que separa las Indias de nuestra extremidad de Hispania? Este espacio podría ser franqueado en algunos días por un navío que se viese empujado por un viento favorable.*

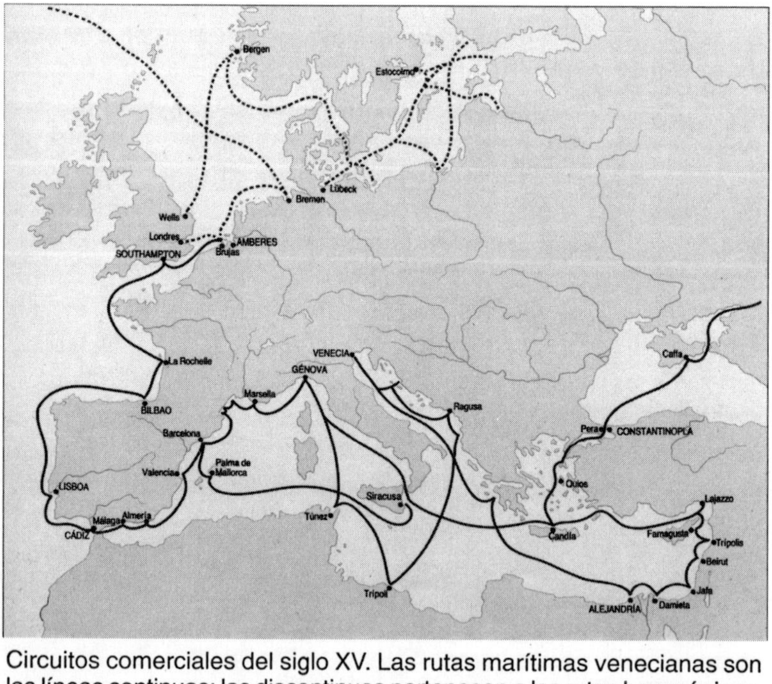

Circuitos comerciales del siglo XV. Las rutas marítimas venecianas son las líneas continuas; las discontinuas pertenecen a las rutas hanseánicas.

Finalmente, la última vez que Colón estuvo en Génova, fue entre abril y finales de agosto de 1479, después de un viaje hecho a Madeira para adquirir azúcar por cuenta de Paolo di Negro, un genovés que vivía en Lisboa, intermediario de la casa Centuriones, para la que trabajaba Colón. Al parecer, Paolo di Negro sólo entregó a Colón la décima parte de la cantidad que se requería para el pago del azúcar, por lo que el 25 de agosto de 1479 compareció ante la banca de su patrono Luigi Centurione, tal como consta en el llamado Documento de Assereto —por haber sido descubierto y publicado por un tal Ugo Assereto, en 1904—, documento que aporta datos acerca del nacimiento y nacionalidad de Colón, pues en él afirma ser genovés y tener veintisiete años, afirmación ésta que no es necesariamente fidedigna, a pesar de que el propio Colón lo haya declarado.

Visita a Porto Santo

Al regreso de su viaje antes mencionado, Colón reforzó la relación con una dama que ya había tratado, aunque con cierta distancia, y que se llamaba Filipa Moniz (o Muñiz), quien pertenecía a una familia de alcurnia apellidada Perestrello, probablemente de origen italiano.

Un ancestro de la familia, Bartolomé Perestrello, había sido militar y navegante a las órdenes del infante Don Enrique y participado en la colonización de la isla de Madeira, por lo que se le había concedido, en forma vitalicia y hereditaria, el gobierno de la isla de Porto Santo, cargo que el navegante había trasmitido a su yerno Pedro Correa da Cunha, casado con Inés Moniz. Ellos fueron los padres de Filipa, quien al entrar en relación con Cristóbal era comendadora del convento de Todos los Santos, a pesar de lo cual se enamoró del futuro descubridor, con quien se desposó a finales de 1479. Apenas realizado el matrimonio, falleció el padre de Filipa, y su viuda cedió a Colón todos los escritos y las cartas de marear del abuelo Bartolomé, documentos que, aparentemente, reafirmaron en Colón la noción de que más allá de las islas Canarias y el Cabo Verde había otras tierras, y que era posible navegar hacia ellas y descubrirlas.

Además de esos valiosos documentos, Cristóbal Colón recibió, indirectamente, una herencia que en realidad no era muy cuantiosa, pero que le permitió resolver su situación económica y entregarse a sus sueños de viajes y aventuras, por supuesto siempre por mar. Con estos delirios en la mente, Colón decidió viajar a Porto Santo para entrevistarse con su concuño, el caballero Correa da Cunha, quien, como hemos dicho, había heredado el gobierno de dicha isla; tal vez el objetivo de Colón en esos tiempos era apoyarse en el poder y la fortuna del pariente para realizar el viaje que ya tenía en mente, pues de otra manera no se explica esa visita que en esos momentos no era prudente, ya que la pareja acababa de tener a su primer hijo, Diego, quien era demasiado tierno como para ser sometido a un penoso viaje por mar; sin embargo se impuso la voluntad de Colón y Filipa acompañó a su marido, llevando al recién nacido.

La estancia en la isla de Porto Santo parece no haber tenido mayor trascendencia en el sentido que probablemente pretendía Colón, pero muchos biógrafos le atribuyen una gran importancia al considerar verídica la anécdota del contacto que tuvo Colón con un personaje llamado Alonso Sánchez, natural de Huelva, quien supuestamente había llegado a la isla en calidad de náufrago, habiendo zozobrado el navío en el que se realizaba un viaje que era precisamente el que Colón tenía en mente, más allá de las islas Canarias. Se dice que este marinero aportó a Colón una información invaluable para él, pues con ella podía corregir o corroborar sus especulaciones. Esta historia, lo mismo que el viaje a Thule, bien pueden ser meras leyendas; aunque la tesis del "predescubrimiento" de América tiene muchos defensores, siendo uno de ellos el historiador especialista en Colón Juan Manzano, quien dice lo siguiente: *Algún navío de esos que con frecuencia hacían la ruta de Guinea fue impulsado por los vientos alisios del Norte y llegó hasta tierras americanas. Algunos de esos fortuitos descubridores regresaron a tierras de Portugal, o a alguna de las islas portuguesas atlánticas, ya fueran las Azores, o con mayor probabilidad Madeira. Durante la travesía una parte de la tripulación enfermó y murió. El piloto y quizá alguno de los marineros se encontraron con Colón y le informaron de su viaje, lo que pudo haber sucedido en 1477 ó 1478.*

El historiador Juan Pérez de Tudel y Bueso también sostiene que Colón fue informado de la existencia de las tierras americanas, aunque aventura la original teoría de que fue un grupo de indígenas caribeños que fueron desviados fortuitamente hacia el Oeste, en donde en un punto no determinado fueron contactados por Colón, hacia 1482-83.

Así, pues, la vía adoptada por estos especuladores históricos, que en realidad ya venía de antiguo, es la que afirma que Colón no había estado antes en la isla de Thule u otros territorios ultramarinos, sino que habría tenido información de terceras personas. Al aceptar de una u otra forma el predescubrimiento, la figura de Colón, además de su proyecto descubridor, ha tomado nuevos rumbos interpretativos. El navegante genial, intuitivo, soñador y tenaz, y lo sorprendentemente grandioso de su proyecto, son de esta manera más comprensibles. Conociendo de forma aproximada lo que va a buscar, se monta su propio paradigma adaptando a lo que conoce a una distancia determinada; así echa mano de lecturas, profecías, citas de filósofos, o incluso signos más o menos esotéricos, para incubar un proyecto que, si bien es subjetivo, no podría realizarse sin bases objetivas.

La partida de Portugal

Después del supuesto encuentro con el náufrago Alonso Sánchez, Colón y su familia abandonan Porto Santo, donde en realidad no eran mirados con simpatía, ni siquiera por el pariente gobernador. Finalmente llegan a Lisboa, donde a los pocos meses acontece la desgracia del fallecimiento de Filipa, dejando a Colón solo con un niño pequeño y una herencia muy menguada.

Pero Colón no ceja en sus empeños por realizar su proyecto y para ello se presenta ente el propio rey de Portugal, quien ahora era Juan II, a quien se ha llamado nada menos que "el rey perfecto", lo que no parece concordar con el error que cometió al no prestar atención a los proyectos que le expuso Colón. El reinado de este personaje se había iniciado en 1481, pero desde que era un infante había tenido a su cargo lo que hoy llamaríamos el "Ministerio de Marina", lo que era de vital importancia para Portugal, considerándosele el continuador de la obra de Enrique "el Navegante", por lo que estaba rodeado de asesores supuestamente muy avezados en esta materia; aunque todos ellos habían rechazado las cartas de Toscanelli, al no considerarlas suficientemente documentadas. Fue tal vez por esa posición previamente adoptada, que decidieron no prestar demasiada atención a la propuesta de Colón, quien en realidad pecaba de escasa objetividad en su manera de exponer las cosas, aludiendo más a "la voluntad de Dios" que a los datos prácticos y al discurso racional. El padre Las Casas, que fue su biógrafo y admirador, nos dice al respecto:

Concebía en su corazón la certísima confianza de hallar lo que pretendía como si este orbe estuviera metido en su arca. Pero porque, según tengo entendido que cuando determinó buscar un príncipe que le ayudase e hiciese espaldas, ya él tenía la certeza de que habría de descubrir tierras y gentes, como si en ellas personalmente hubiese estado...

Pero el rey Juan II no era partidario de la fe y le pidió datos concretos. ¿Acaso Colón los tenía y no quiso revelarlos por temor a que el monarca y sus allegados los plagiaran en su provecho?...

No hay que olvidar —escribe Madariaga—, *que en atenuación a su vaguedad, no era fácil verter palabras en un plan como el suyo. Era éste un plan como esas melodías que en silencio logramos captar perfectamente, pero que no acertamos a cantar con voz sonora. Si se le exigían posiciones concretas, ¿qué podía contestar? Estaba metido en un triángulo: la carta y el mapa de Toscanelli, que oficialmente no conocía y le estaba vedado mencionar en las Cortes; las historias oídas sobre maderos labrados hallados y descubiertos por pilotos expertos... y Esdras, a quien probablemente fuera de él nadie consideraba como una autoridad en estas materias. ¿Cómo no habría de expresarse con vaguedad? Ha debido ser para él un verdadero tormento tener que permanecer ante el rey mascullando grados y anchuras de mar en plena confusión, cuando allá, dentro de su alma, sentía tanta claridad, tanta decisión y tanto fuego como el sol. Podemos imaginárnoslo y ver cómo se le enrojece la blanca piel pecosa con el fuego que lleva dentro, cómo le brotaran relámpagos de los ojos azules y se le quebrase la voz en truenos más ruidosos que inteligibles.*

Las explicaciones que Colón dio al rey Juan II fueron exclusivamente su deseo de alcanzar la "Antilla", una isla legendaria, perteneciente a la región de las "Siete ciudades", donde supuestamente se habían refugiado siete obispos españoles que huían del dominio musulmán, además de su proyecto de alcanzar por esa ruta las regiones de Catay y Cipango (China y Japón), lo que para el rey era mucho más lógico e interesante.

Pero Juan II no quiso pronunciarse por sí mismo, y mucho menos al escuchar las pretensiones del genovés, quien pedía, además del financiamiento de la expedición, el título de Gran Almirante del Mar Océano, el título efectivo de virrey de todas las tierras que descubriese, y el diez por ciento de todos los fabulosos tesoros que, según él, encontraría en dichas tierras.

Así que el rey sometió el proyecto a la *Junta de Matemáticos,* y éste fue examinado por Diego Ortiz de Villegas, obispo de Ceuta, a quien se consideraba la máxima autoridad en asuntos náuticos, además de los maestres Rodrigo y Joseph Vizinho, médicos del rey y expertos en geografía y astronomía. Por supuesto el veredicto fue contrario al proyecto colombino.

Ante esta negativa, Colón sale secretamente de Portugal; se dice que esa salida misteriosa tenía como motivos, además de algunas deudas, la sospecha que pesaba sobre él de haber participado en la muerte repentina del náufrago Alonso Sánchez, quien se suponía su informante, como ya hemos dicho. En su biografía, Salvador de Madariaga expone lo siguiente:

Un día penetró en el aposento donde él sabía que yacía olvidado el mapa Toscanelli y su carta. Llevaba en la mano un libro suyo: "Historia Rerum Ubique Gestarum" (Las cosas de la historia y de las hazañas), *del Papa Pío II. Sacó el documento de su escondite y lo copió sobre una de las páginas en blanco de dicho libro. Cauto, según su costumbre, omitió en la carta los datos esenciales, como el punto de partida de los cálculos que daban la longitud de las travesías; luego tomó bastantes notas para poder copiar la carta a su placer, y finalmente salió del aposento con el tesoro que necesitaba como credenciales científicas para su misión en Castilla, sabiendo que, aunque el rey de Portugal lo podía considerar como un traidor, la posteridad le perdonaría, y así, con la carta y el mapa en su bolsillo, y con su hijo Diego que entonces tenía cinco años, como único compañero, Colón salió huyendo de Portugal.*

En España

Colón no tardó mucho tiempo en internarse en territorio español, y su primera parada fue el convento de la Rábida, en la ciudad de Huelva. Colón tenía una sólida formación religiosa, y seguramente pensó que los frailes de esa comunidad escucharían con buena voluntad la exposición de su proyecto.

Colón fue bien acogido por los monjes y ahí conoció a fray Juan Pérez, prior del convento y gran teólogo, quien por haber sido confesor de la reina era tenido en gran estima en la corte, lo mismo que su hermano Antonio de Marchena, cosmógrafo de gran fama. Todo lo que pasó a partir de ese momento se sabe por dos testigos directos: uno de ellos el propio hijo, Diego, y el otro es el padre Las Casas.

Al parecer, los dos religiosos a quienes Colón expuso su plan lo recibieron favorablemente, sobre todo porque vieron en él la posibilidad de realizar una gran tarea evangélica con quienes ellos llamaban "los vasallos del gran Khan".

Colón estuvo discutiendo su plan con ellos durante mucho tiempo y, según Las Casas, en el curso de las conversaciones que precedieron a la firma de las *Capitulaciones* de Santa Fe, Colón obtuvo de la reina que hiciese voto de dedicar todas las riquezas que obtendría del descubrimiento para el rescate de la "Tierra y la Casa de Jerusalén".

Se ignora el tiempo que Colón estuvo en el monasterio de la Rábida, pero sí se sabe que al partir confió a su hijo

Diego al cuidado del prior Juan Pérez. Es posible que éste le diese una carta de recomendación para Isabel I, aunque esto no es seguro; sin embargo, Colón se dirigió a Sevilla que a la sazón era la sede de la corte española y ahí fue recibido por el duque de Medina Sidonia, quien no lo ayudó de otra manera sino con buenos consejos. Una suerte mayor tuvo con el duque de Medinaceli, quien se interesaba mucho por los viajes de exploración. Colón vivió varios meses en su casa y tanto se interesó el duque en sus proyectos que llegó a tener en sus astilleros los armazones de las futuras carabelas.

Poco después, el propio Cardenal Primado se interesó en el proyecto, y más adelante el duque de Medinaceli logró despertar el interés de la propia reina Isabel, con lo que puede decirse que comienza la historia triunfante de Cristóbal Colón.

Aunque no se tiene una información precisa, al parecer, la primera entrevista entre Colón y los Reyes Católicos debió celebrarse durante el mes de enero en Alcalá de Henares, al menos eso afirman la mayoría de los biógrafos, y algunos dicen que el futuro almirante iba acompañado por fray Antonio de Marchena. Lo que sí se conoce de cierto es que el proyecto fue sometido a la Cancillería Real de Castilla el 20 de enero de 1486, y que a partir de tal fecha, Colón se consideró "al servicio de la Corona de España, con sueldo y estipendios". Colón volvió a tratar a los reyes en Madrid, y de ahí se fue a Córdoba, que era como un cuartel general en la guerra contra Granada. Por otro lado, Salvador de Madariaga opina que Colón no conoció personalmente a los Reyes Católicos hasta que llegó a Córdoba, aunque eso resulta de poca trascendencia, pues lo que importa es la aceptación del proyecto por parte de la Corona española y la buena acogida que dieron a Colón, a pesar de las reticencias y dilaciones de la Junta de Salamanca, que resultó tan exasperante para Colón que incluso consideró la posibilidad de tratar con Francia o Inglaterra.

Así estaban las cosas cuando en 1487 se trasladó la corte a Córdoba para iniciar los preparativos para el último asalto al reino de los moros. Se sabe que Colón se incorporó a la base militar cordobesa por los libros de contabilidad en donde se asientan sus estipendios.

Finalmente, tras un asedio de cuatro meses, se rinde Málaga, lo que representó el inicio de la total "reconquista" y del triunfo incuestionable de los Reyes Católicos, quienes, antes que dar salida a los planes de Colón debían obtener el triunfo bélico sobre el último bastión moro, que era la ciudad de Granada.

Pero uno de los motivos de la estancia de Colón en Córdoba fue una mujer de nombre Beatriz Enríquez, quien fue la madre de uno de sus hijos, y principal biógrafo, llamado Fernando; aunque la relación con Beatriz no se encuentra documentada con amplitud, pues ni siquiera el supuesto hijo suyo, Fernando, la llega a mencionar en sus escritos.

Fernando Colón nació el 15 de agosto de 1488. Beatriz era oriunda de Córdoba y probablemente era judía conversa (de los que en aquellos tiempos se llamaba despectivamente "marranos"), así que se considera que Colón no se casó con ella precisamente porque su origen hubiese lesionado su imagen en la corte; pero parece que Colón la amaba realmente, y prueba de ello es que al partir a su primer viaje dejó a su cuidado no solamente a Fernando, sino a su primer hijo, Diego; y fue a Beatriz que legó los diez mil maravedíes de renta que le concedieron los reyes como recompensa por ser el primero en "ver tierra". En este sentido se dice que Colón obró de manera injusta al atribuirse el hecho de haber sido el primero en avistar tierra americana y aprovechar el premio real, aunque generosamente lo cediese a su mujer; pero es bien sabido que en realidad fue Rodrigo de Triana el privilegiado vigía, y a él correspondía el citado premio. El propio Colón escribe en su diario: "El primero que vislumbró la tierra americana fue un marinero llamado Rodrigo de Triana"; aunque como él decía haber visto una lejana luz cuatro horas antes, se consideró con derecho al premio.

Al parecer, el verdadero nombre y apellidos de Rodrigo de Triana fueron los de Juan Rodríguez Bermejo, vecino de Los Molinos, en Sevilla. Pronto se formó una leyenda, según la cual Rodrigo, disgustado, se fue a vivir al norte de África y se hizo musulmán, lo que probablemente sea un mito, aunque la consigna el historiador y conquistador Gonzalo Fernández de Oviedo (1478-1556). Lo más probable es que Juan Rodríguez Bermejo se enrolara en 1525 en la expedición de García Jofre de Loaisa a las islas Molucas, cuando ya en 1507 había alcanzado la condición de Maestre, aunque en 1525 se pierde su rastro. La investigación de las biografías de todos los tripulantes del primer viaje de Colón se debe a una labor de investigación exhaustiva que realizó la historiadora Alicia B. Gould durante toda su vida, misma que se consigna en la Real Academia de Historia de España.

Los tiempos de la conquista de Granada

Aparentemente, Colón no había logrado conquistar todavía el corazón de Isabel, y grande fue su desengaño cuando la Junta de Salamanca desdeñó el proyecto por considerarlo "temerario, oscuro y contrario a los designios de Dios", lo que significaba el aborto de las esperanzas que el navegante había fijado en la corte española.

Pero en el ínterin, el 26 de abril de 1491, el poderoso ejército cristiano acampó junto a la fuente de los Ojos de Huéscar, en las afueras de Granada, con lo que comenzó el asedio de la ciudad, que culminó en la toma de la misma, con relativa facilidad. Se sabe que Colón llegó a Santa Fe, donde se encontraban los Reyes aguardando su momento de gloria, y fue ahí donde Colón, casi inadvertido, comenzó a negociar a diversos niveles las condiciones para llevar a buen término su empresa.

Las llamadas "Capitulaciones" fueron muy lentas, pues Colón se mostraba muy ambicioso en el tema de las recompensas. El padre Las Casas da una buena visión del carácter de Colón, muy exigente consigo mismo, pero también con los demás:

Viéndose con tanta repulsa y contradicción, afligido y apretado de tan gran necesidad, que quizás aflojando en las mercedes que pedía, contentándose con menos (y que parece que con cualquier cosa debiera contentarse), los Reyes se movieran a darle lo que era menester para su viaje y en lo demás lo que humanamente pareciera que debiera dársele, se le diera; pero no quiso blandear en cosa alguna, sino con toda certeza perseverar en lo que una vez había pedido. Y tanto pedía, que sus demandas fueron rechazadas, mandando los Reyes que se le dijese que se fuese en hora buena.

Una vez más, aquí se mezcla la historia con la ficción para embrollar todo el caso, aunque sí parece seguro que los muy influyentes Deza, Cabrero y Santángel, los tres judíos conversos, intervinieron cerca de la reina Isabel para que fueran aceptadas las condiciones de Colón.

Fue el biógrafo Prescott quien propaló la leyenda que atribuye a Isabel el haber vendido o empeñado sus joyas para financiar la expedición, pero en realidad eso es pura fantasía.

Una vez aceptado, en principio, el proyecto, las negociaciones posteriores fueron prolijas y tediosas; casi tres meses tardaron fray Juan Pérez, como representante de Colón, y Juan de Coloma, el representante de los Reyes, para redactar los acuerdos y pasarlos en limpio.

Colón pedía un premio exorbitante para su descubrimiento, pues lo consideraba "de capital importancia para todo el mundo cristiano", y parecía estar tan seguro de su éxito (según algunos biógrafos porque tenía datos seguros o había realizado un viaje previo) que el memorial redactado por él mismo comienza así:

Las cosas suplicadas y que vuestras Altezas dan y otorgan a Don Cristóbal Colón, en alguna satisfacción de lo que ha descubierto el los mares Océana, y del viaje que agora, con la ayuda de Dios, ha de hacer por ellas en servicio de vuestras Altezas... ¿Hubiera hablado con tanta seguridad un hombre que sólo se hubiera basado en sus sueños, en sus fantasías o en hipótesis sin bases sólidas? Es posible, pero dudoso.

La Capitulaciones quedaron concertadas el 17 de abril, y el 30 se redactó el acta jurídica, por Juan de Coloma. Madariaga da una versión del documento, según el cual

Cristóbal Colón: *... va a descubrir ciertas islas e Tierra Firme que todavía no se ha descubierto, y que se espera que, con la ayuda de Dios, se descubrirán e ganarán, y los títulos, incluso el Don y demás privilegios, se aplazan implícitamente hasta después de que hayades descubierto e ganado las dichas Islas e Tierras Firmes en la dicha Mar Océana, o cualesquiera de ellas.*

Morales Padrón da una versión más aclaratoria:

De los documentos firmados en Santa Fe no son éstos, precisamente, lo más importante. Días más tarde, ya en Granada y a 30 de abril, doña Isabel y don Fernando firmaron una carta merced a la cual conferían al extranjero Colón, sobre lo otorgado en las capitulaciones, la ampliación a vitalicio, hereditario y perpetuo, el título de virrey y gobernador, además del permiso para usar el Don para él y sus sucesores, una vez hecho el descubrimiento. El mismo día 30 se dio a Colón, que desde ahora se deja de llamar Colomo, como se venía llamando, una carta comercial para los monarcas extranjeros asiáticos, una especie de pasaporte sin fecha y varias órdenes para la organización de la armada.

Sobre la validez jurídica de las capitulaciones de Santa Fe, escribe Luis Arranz: *Los estudiosos han discutido mucho sobre si el documento fue una merced o un contrato. Si merced, quiere decir concesión graciosa y, por ende, revocable, siempre que los monarcas lo creyeran oportuno; mientras que si se tratara de un contrato, era un acto bilateral del que emanaban los derechos y obligaciones para las partes que intervenían. Esta interpretación es para nosotros la correcta, y solamente así se explica la razón de ser de los "Pleitos Colombinos" o reclamaciones por la vía judicial contra la Corona hechos por los descendientes de Colón, cuando entendieron que hubo incumplimiento de lo capitulado en Santa Fe.*

El preámbulo del documento se inicia con una donación: *Vuestras Altezas dan e otorgan a don Cristóbal Colón en alguna satisfacción de lo descubierto en las Mares Océanas y del viaje que agora, con la ayuda de Dios, ha de fazer por ellas en servicio de Vuestras Altezas.*

A continuación se especifican en cinco capítulos los honores y privilegios que habría de recibir el descubridor, los cuales eran, en síntesis:

1... El título de Almirante de la Mar Océana sobre todas las islas y tierras firmes "que por su mano e industria se descubrieran o se ganaran". Según las prerrogativas de los almirantes de Castilla el título sería vitalicio, hereditario y perpetuo.
2... Título de virrey y gobernador general de todo lo descubierto por él o ganado en dichos mares, con la facultad de poder proponer en terna a los Reyes Católicos a las personas destinadas al gobierno de tales tierras: regidores, alcaldes, alguaciles, etcétera. De los tres, los Reyes escogerían uno. Por el momento no se hablaba de que fuera hereditario.
3... El décimo de las riquezas o mercaderías obtenidas dentro de los límites del almirantazgo.
4... Si a causa de estas mercancías o riquezas traídas de las tierras descubiertas se originara algún pleito, los reyes autorizaban a Colón o a sus tenientes a resolver los citados pleitos.
5... Se concedía a Colón el derecho a contribuir con la octava parte de los gastos de cualquier armada, recibiendo a cambio la octava parte de las ganancias.

¿Por qué concedían tanto los monarcas? Pues seguramente porque si la empresa tenía éxito, las ganancias serían extraordinarias, además de que si, por el contrario, resultaba un fracaso, no tenían nada que perder.

En vísperas de la aventura

El 12 de mayo de 1492, una vez rendida Granada, Colón salió de ahí lleno de promesas y esperanzas; pero todavía la empresa no se encontraba bien estructurada, faltaba dinero y algo más importante: la gente capaz de involucrarse en una aventura de este tipo.

Colón se dirigió al puerto de Palos, con una carta consignada al alcalde en la que se le ordenaba que pusiera a disposición del almirante dos carabelas; esta orden de los Reyes era interpretada como un castigo para los habitantes de Palos "por algunas cosas fechas o cometidas por ellos", lo que ameritaba en compensación el servicio al rey, poniendo a disposición de la Corona dos carabelas armadas y a su costa durante dos años, y puestas a disposición del almirante Colón "para viajar a ciertas partes de la Mar Océana sobre algunas cosas que cumple a nuestro servicio".

El 23 de mayo, Colón convocó a las autoridades y vecinos de Palos en la iglesia de San Jorge, donde les leyó las cartas de los Reyes y requirió su fiel cumplimiento. El castigo de referencia se debía a unos hechos cometidos en perjuicio de Diego de Lepe, quien era pariente de los Pinzón; a continuación reproducimos parte del documento real a este respecto:

Don Fernando e Doña Isabel: A vos los alcaldes e jueces e otras justicias cualesquier de la villa de Palos, e a cada uno de vos, salud e gracia: Sepades que Diego de Lepe nos fizo relación, diciendo que por algunos vecinos desa villa le han sido y son fechos algunos agravios e sinrazones, así en le demandar algunas cosas injustas e non debidamente, como en no le pagar ciertas coantías en maravedíes e otras cosas que las tales personas dis que le deben e son obligadas a dar e pagar a que por ser las tales personas muy emparentadas e favorescidas en dicha villa de Palos, dis quel non ha podido alcanzar cumplidamente la justicia, en lo cual dis que si ansí hubiese de pasar él recibiría mucho agravio e daño. Por ende que nos suplicaba e pedía por merced dello le mandásemos proveer de remedio con justicia como nuestra merced fuese; e nos tuvímoslo a bien, porque vos mandamos que luego que veades lo susodicho, llamadas e oídas las partes a las que atañe breve e sumariamente, non dando lugar a dilaciones de malicia, salvo solamente la verdad sabida, hágades o administredes a las dichas partes entero cumplimiento de justicia, por manera que la dellos hayan e alcancen, e por defecto della no tengan causa ni razón de se nos más venir ni enviar a quejar sobre ello e non fagades en de al, so pena de nuestra merced e de diez mil maravedíes para la nuestra cámara.

Dada en la ciudad de Granada a nueve días del mes de noviembre, año del nascimiento de Nuestro Señor Jesucristo de mil e…

La familia Pinzón, y entre ellos Diego Lepe, tenían una gran influencia sobre la marinería de la villa y sus alrededores, siendo Martín Alonso Pinzón quien fungía como jefe de la familia. Por otro lado, es muy posible que fuesen los Pinzón quienes terminaron de sufragar los gastos de la expedición. Pero lo que sí es seguro es que fue el entusiasmo que puso en la empresa, creyente fervoroso del proyecto de Colón, Martín Alonso Pinzón, quien, tanto por autoridad como por convencimiento, promovió en toda la familia la ayuda a Cristóbal Colón y a una empresa que hicieron suya.

Así que fue gracias a la familia Pinzón, incluyendo a Lepe (quien misteriosamente murió en Portugal unos años más tarde), que a los dos meses justos de leídas aquellas cartas en la iglesia de Palos, la armada ya estaba lista para

Réplica de la "Santa María".

zarpar, a pesar de que era tanto el temor de los marineros a aventurarse en la "Mar Océana", que para completar la tripulación fue preciso prometer el perdón a varios condenados a muerte, quienes así fueron enrolados por fuerza en la tripulación.

Finalmente, la flota se constituyó por tres naves: *La Niña, La Pinta y la Santa María,* que era la nave capitana, mismas que zarparon del puerto de Palos de Moguer en dirección a las islas Canarias, para desde ahí poner proa a lo desconocido, al temido *Mar Tenebroso,* y tal vez, aunque Colón no dudó un instante, lo mismo que Martín Alonso, alcanzar las nuevas tierras, en las que imaginaban reinos fabulosos, llenos de riquezas, de lo que pensaban que eran territorios del Gran Khan.

Aclaremos ahora la impropiedad de denominar a los barcos de la flotilla de Colón "carabelas" todas ellas, pues sólo lo eran dos de ellas, la Pinta y la Niña, la Santa María era el tipo de embarcación que llamaban *nao.*

La Niña fue el barco preferido del Almirante. En realidad tenía por nombre *Santa Clara,* pero se le llamaba "la Niña" en alusión a su propietario Juan Niño de Moguer. Era un navío de 60 toneladas de desplazamiento, 70 pies de eslora, unos 23 de manga, 9 de profundidad de la bodega y 6 de calado; poseía una sola cubierta y en Canarias probablemente se le cambió el velamen por otro más adecuado para la travesía.

La Pinta era propiedad de Gómez Rascón y Cristóbal Quintero, naturales de Palos. Se trataba de una carabela redonda que desplazaba entre 55 y 60 toneladas, 73 a 75 pies de eslora, 25 de manga y unos 6 de calado; tenía también una sola cubierta. Era éste un barco muy marinero, y a su capitán, que fue uno de los Pinzón, le gustaba adelantarse a la flotilla, para probar su eficacia.

El navío mayor y del que más se conoce es la Santa María, que fue la que se perdió en el primer viaje y a la que más veces se le hicieron reparaciones. Su maestre era Juan de la Cosa, quien era un famoso navegante y a quien Colón tuvo la suerte de enrolar ya que se encontraba ocasionalmente en la región en viaje comercial. Esta embarcación desplazaba de 120 a 130 toneladas, tenía 22.6 metros de eslora, 7.8 metros de bao, 3.8 de puntal de bodega en crujía, 3.2 de calado de popa y 27.25 de altura del palo mayor de quilla a perilla.

Las tres embarcaciones estaban bien construidas, bien equipadas, bien aparejadas, bien capitaneadas y podía suponerse que eran aptas para lograr el difícil objetivo al que estaban destinadas, lo que niega la versión de que Colón se hizo a la mar en navíos inadecuados o en malas condiciones; pues en realidad era el tipo de embarcación más eficiente con el que se contaba en la época. La carabela fue una importación de Oriente que se debe a los portugueses, quienes le adaptaron la vela latina, así como el timón de codaste. Era el tipo de embarcación más adecuado para largas travesías; no se usaban los remos como principal propulsión, pero sí se valían de ellos en los momentos de calma o cuando se navegaba en zonas difíciles. Ya en el siglo XV Portugal usaba la carabela para sus viajes a Guinea; este modelo de barco fue rápidamente adoptado por España, denominándosele "carabela andaluza".

El casco tenía pocas aberturas, apenas el llamado "escobón", por donde se recuperaba el ancla, los "ojos de buey" de las cámaras, alguna ventana para el paso de aire o la boca de salida para acoplarle piezas de artillería, y la "lemera" o abertura de popa, por donde se introducía la caña del timón. Para reforzar el casco exteriormente se afirmaban sobre el alcázar unos cintones de madera dura en un sentido horizontal, y sobre éstos, en sentido vertical se elevaban otros contones gruesos, lo que era una de las características diferenciales de las carabelas.

Sobre la cubierta principal se colocaban dos barcazas independientes, el "batel", que servía para remolcar a remo la carabela en los momentos de calma, o la precedía en las expediciones, y la chalupa, que se usaba para la pesca, así

Maqueta a escala de "La Niña"

como una embarcación menor, llamado "chinchorro". La Santa María se valía de una "aguja náutica" o brújula, además del conocido "astrolabio", que indicaba la ruta por referencia del sol o las estrellas; también se utilizaban una serie de tablas astronómicas, aunque muy rudimentarias.

El primer viaje

Porque cristianísimos y muy altos y muy excelentes y muy poderosos príncipes, Rey y Reina de las Españas y de las islas de la mar, Nuestros Señores, este presente año de 1492, después de Vuestra Altezas haber dado fin a la guerra de los moros que reinaban en Europa y haber acabado la guerra en la muy grande ciudad de Granada, donde este presente año, a dos días del mes de enero, por fuerza de armas vide poner las banderas reales de Vuestras Altezas en la torre de la Alfambra, que es la fortaleza de la dicha ciudad, y vide salir al rey moro a las puertas de la ciudad y besar las reales manos de Vuestras Altezas y del Príncipe mi Señor, y luego en aquel presente mes, por la información que yo había dado a Vuestras Altezas de las tierras de Indias y de un príncipe llamado el Gran Khan, que quiere decir en nuestro romance el Rey de Reyes, como muchas veces él y sus antecesores habían enviado a Roma a pedir doctores en nuestra santa fe porque les enseñasen en ella y que nunca el Santo Padre le había proporcionado y que se perdían muchos pueblos creyendo en idolatrías o recibiendo en sí sectas de perdición, Vuestras Altezas, como católicos cristianos y príncipes amadores de la santa fe cristiana y acrescentadores de ella y enemigos de la secta de Mahoma y de todas las idolatrías y herejías, pensaron de enviarme a mí, Cristóbal Colón, a dichas partidas de Indias para ver a los dichos príncipes y los demás pueblos y tierras, y la disposición de ellas y de todo y la manera que se pudiera tener para la conversión de ellas a nuestra fe, y ordenaron que yo fuera por tierra al Oriente, por donde se acostumbra de andar, salvo por el camino de Occi-

dente, por donde hasta ahora no sabemos por cierta fe que haya pasado nadie.

Así que, después de haber echado fuera a todos los judíos de todos vuestros reinos y señoríos, en el mismo mes de enero mandaron Vuestras Altezas a mí que con armada suficiente me fuese a las dichas partidas de Indias, y para ello me hicieron grandes mercedes y me ennoblecieron que donde en delante yo me llamase "Don" y fuese Almirante Mayor de la Mar Océana y Virrey y Gobernador perpetuo de todas las islas y tierra firme que yo descubriese y ganase, y de aquí en adelante se descubriesen y ganasen en la Mar Océana, y así sucediese mi hijo mayor y así de grado en grado para siempre jamás.

Y partí yo de la ciudad de Granada a doce días del mes de mayo del mismo año de 1492, en sábado. Vine a la villa de Palos, que es puerto de mar, donde armé yo tres navíos muy aptos para semejante hecho, y partí de dicho puerto muy abastecido de muchos mantenimientos y de mucha gente de mar, a tres días del mes de agosto de dicho año, en un viernes, antes de la salida del sol, con media hora, y llevé el camino de las Islas Canarias de Vuestras Altezas, que son en la dicha Mar Océana, para de ahí tomar la derrota y navegar tanto que yo llegase a las Indias, y dar la embajada de Vuestras Altezas, a aquellos príncipes y cumplir lo que así me habían mandado; y para esto pensé en escribir todo este viaje muy puntualmente de día en día todo lo que hiciese y viese y pasase, como adelante se verá. También, Señores Príncipes, allende a describir cada noche lo que el día pasare, y en el día lo que la noche navegare, tengo propósito de hacer carta nueva de navegar, en la cual situaré toda la mar y las tierras del Mar Océana en sus propios lugares debajo del viento y más, componer un libro y poner todo por el semejante por pintura, por latitud del equinoccial y longitud del Occidente; y sobre todo cumple mucho que yo olvide el sueño y tiente mucho el navegar, porque así cumple, las cuales serán de gran trabajo.

Y sucedió que Colón cumplió su cometido, haciendo anotaciones diarias en su bitácora de viaje; las ocho primeras jornadas fueron referidas como sigue:

Viernes, 3 de agosto

Partimos el viernes, a los tres días del mes de agosto de 1492 años, de la barra de Saltes, a las ocho horas. Anduvimos con fuerte vibrazón hasta poner al Sol hacia el Sur sesenta millas, que son quince leguas; después al Sudueste y al Sur cuarta del Sudueste, que era el camino para las Canarias.

Sábado, 5 de agosto

Anduvieron su vía entre día y noche más de cuarenta leguas.

Domingo 5 de agosto

Anduvieron su vía entre día y noche al Sudueste cuarta del Sur.

Lunes, 6 de agosto

Saltó o desencajóse el gobernario a la carabela Pinta, donde iba Martín Alonso Pinzón, a lo que se creyó y sospechó por industria de un Gomes Rascón y Cristóbal Quintero, cuya era la carabela, porque le pesaba ir aquel viaje, y dice el Almirante que antes que partiese habían hallado en ciertos deveses y grisquetas, como dicen, a los dichos. Vídose allí al Almirante en gran turbación por no poder ayudar a dicha carabela sin su peligro, y dice que alguna pena perdía con saber que Martín Alonso Pinzón era persona esforzada y de buen ingenio.

En fin, anduvieron entre día y noche veintinueve leguas.

Martes, 7 de agosto

Tornóse a saltar el gobernalle de la Pinta, y adobáronlo y anduvieron en demanda de la isla de Lanzarote, que es una de las islas de las Canarias, y anduvieron entre día y noche veinticinco leguas.

Miércoles, 8 de agosto

Hubo entre los pilotos de las carabelas opiniones diversas dónde estaban, y el Almirante salió más verdadero y quisiera ir a Gran Canaria para dejar la carabela Pinta, porque iba mal acondicionada del gobernalle y hacía agua, y quisiera tomar allí otra si la hallara. Pero no pudieron tomarla aquel día.

La navegación continuó una vez que hubieron recalado en las islas Canarias para reparar la carabela Pinta, por lo que la flotilla reemprendió la ruta del Mar Tenebroso, el jueves 6 de septiembre.

Colón engañaba todos los días a la tripulación respecto a las millas recorridas, por temor de que pensasen que era ya mucho el trecho recorrido sin hallar tierra alguna. Y a pesar de esta previsión, los marineros no tardaron mucho en insolentarse primero y casi rebelarse después. Finalmente, Colón les formuló la conocida petición de los tres días, a lo que accedieron, aunque a regañadientes y murmurando mucho entre sí contra el Almirante y los Pinzones, hasta que llegó el jueves 11 de octubre, cuando los ánimos estaban más calmados por haber divisado claras señales de tierra próxima.

He aquí lo que anotó el Almirante en su diario de a bordo en dicho día:

Jueves 11-12 de octubre

Navegó al Oesudoeste. Tuvieron mucha mar y más que en todo el viaje habían tenido. Vieron pardelas y un junco verde junto a la nao. Vieron los de la carabela Pinta una caña y un palo, y tomaron otro palillo labrado a lo que parecía con hierro, y un pedazo de caña y otra hierba que nace de la tierra, y una tablilla. Los de la carabela Niña también vieron otras señales de tierra y un palillo cargado de escaramujos.

Con estas señales respiraron y alegráronse todos.

Anduvieron en ese día, hasta puesto el Sol, veintisiete leguas.

Después del Sol puesto, navegó a su primer camino hacia el

Ueste; andarían doce millas por hora; y hasta dos horas después de la medianoche andarían noventa millas, que son veintidós leguas y media.

Y porque la carabela Pinta era la más velera e iba delante del Almirante, halló tierra e hizo las señas que el Almirante había mandado.

Esta tierra la vio primero un marinero que se decía Rodrigo de Triana; puesto que el Almirante, a las diez de la noche, estando en el castillo de popa, vio lumbre, aunque fuese cosa tan cerrada que no quiso afirmar que fuese tierra; pero llamó a Pedro Gutiérrez, repostero de estrados del Rey, y díjole que parecía lumbre, que mirase él y así lo hizo y vídola; díjole también a Rodrigo Sánchez de Segovia que el Rey y la Reina enviaban a la armada por veedor, el cual no vio nada porque no estaba en el lugar donde la pudiese ver.

Después el Almirante tuvo por cierto estar junto a la tierra. Por lo cual, cuando dijeron la Salve, que la acostumbraban decir y cantar a su manera todos los marineros y se hallan todos, rogó y amonestóles el Almirante que hiciesen buena guardia al castillo de proa, y mirasen bien por la tierra, y que al que le dijese primero que vía tierra le daría luego un jubón de seda, sin las otras mercedes que los Reyes habían prometido, que eran diez mil maravedíes de juro a las que primero la viese.

A las dos horas después de medianoche pareció la tierra, de la cual estarían a dos leguas. Amañaron todas las velas y quedaron con el treo, que es la vela grande sin bonetas, y pusiéronse a la corda, temporizando hasta el día viernes, cuando llegaron a la isleta de los Lucayos, que se llama en lengua de indios "Guanahaní".

Luego vinieron gente desnuda y el Almirante salió a tierra en la barca armada, y Martín Alonso Pinzón, y Vicente Yáñez, su hermano, que era capitán de la Niña. Sacó el Almirante la bandera real y los capitanes con dos banderas de la Cruz Verde, que llevaba el Almirante en todos los navíos por seña con una F y una Y; y encima de cada letra su corona, una de un cabo de la cruz y otra del otro.

El Almirante llamó a los dos capitanes a los demás que saltaron a tierra, y a Rodrigo Escobedo, escribano de toda la armada, y dijo que le diesen por fe y testimonio cómo él por ante todos tomaba, como de hecho tomó, posesión de la dicha isla por el Rey y la Reina, sus señores, haciendo las protestaciones que se requerían, como más largo se contienen en los testimonios que ahí se hicieron por escrito. Luego se ayuntó a mucha gente de la isla. Esto que se sigue son palabras formales del Almirante, con su libro de su primera navegación y descubrimiento de estas Indias:

Yo, porque nos tuviesen mucha amistad, porque conocí que era gente mejor se libraría de y convertiría a nuestra fe con amor que no con fuerza, les di a algunos de ellos bonetes colorados y unas cuentas de vidrio que se ponían al pescuezo y otras muchas cosas de poco valor, con lo que hubieron mucho placer y quedaron tanto nosotros que era maravilla. Los cuales después venían a las barcas de los navíos adonde nos estábamos, nadando, y nos traían papagayos e hilo de algodón en ovillos y azagayas y otras cosas muchas, y nos las trocaban por otras cosas que nos les dábamos, como cuentecillas de vidrio y cascabeles. En fin, todo tomaban y daban de aquello que tenían con buena voluntad. Mas me pareció que eran gente muy pobre de todo. Ellos andan todos desnudos como su madre los parió, y también las mujeres, aunque no vide mas que una farto moza. Y todos los que yo vi eran mancebos, que ninguno vide de edad de más de treinta años, muy bien hechos, de muy fermosos cuerpos y muy buenas caras, los cabellos gruesos caso como sedas de cola de caballos y cortos; los cabellos traen por encima de las cejas, salvo unos pocos de tras que traen largos, que jamás cortan. De ellos se pintan de prieto, y ellos son de la color de los canarios, ni negros ni blancos, y dellos se pintan de blanco y dellos se pintan de colorado, y dellos de lo que fallan, y dellos se pintan las caras, y dellos todo el cuerpo, y dellos solo los ojos y dellos solo la nariz. Ellos no traen armas ni las conocen, porque les amostre espadas y las tomaban por el filo y se cortaban por ignorancia. No tienen algún fierro; sus agazayas son unas varas de fierro, y algunas de ellas tienen al cabo un dene de pece y otras de otras cosas. Ellos todos a una mano son de buena estatura de grandeza y buenos gestos, bien hechos. Yo vide algunos que tenían señales de feridas en sus cuerpos, y les hice qué era aquello, y ellos me amostraron cómo ahí venían gentes de otras islas que estaban cerca y les querían tomar y se defendían. Y yo creí y creo que aquí vienen de tierra firme a tomarlos por captivos. Ellos deben ser buenos servidores y de buen ingenio, que vero que muy presto dicen todo lo que se les decía, y creo que ligeramente se harían cristianos, que me pareció que ninguna secta tenían. Yo, placiendo a Nuestro Señor, llevaré de aquí al tiempo de mi partida a seis a Vuestras Altezas, para que deprendan a fablar. Ninguna bestia de ninguna manera vide, salvo papagayos en esta isla.

Los resultados de la exploración

Son de sobra conocidos los contratiempos del primer viaje de Colón, incluyendo las rencillas entre él y Martín Alonso, el cual se desvió en un momento dado de la expedición para ir por su cuenta en busca de tierra firme, lo que motivó el enojo de Colón, pensando que alguien deseaba arrebatarle la gloria de ser él el primero en pisar los dominios del Gran Khan.

Llegó primeramente a las islas del Caribe, que el Almirante tomó por el fabuloso Cipango (Japón) o que al menos éste y Catay (China) estaban ya cerca. La primera isla explorada fue la de Guanahaní, prosiguiendo el viaje el 14 de octubre. El 15 arribó a otra isla a la que puso el nombre de Santa María de la Concepción, llamada hoy Cayo Ron. El 16 bautizó a la actual Long Island como Isla Ferdinanda"; la isla de Saometo fue bautizada como Isabela el 19 de octubre.

Casi sin detenerse, Colón seguía avanzando por entre aquellas islas, acicateado por encontrar tierra firme, y sobre todo la existencia de oro u otras riquezas. El 25 de octubre estuvo en las islas de la Arena, y el 27 descubrió Cuba. Colón pensó que aquella isla tan grande, cubierta de una vegetación densa y lujuriante podía ser Catay, y los indígenas, para su mayor confusión, le hablaron de un rey Cami, poseedor de grandes tesoros, de quien él pensó que podía ser el Gran Khan.

Debido a sus lecturas, Colón siempre creyó estar cerca de los reinos asiáticos reseñados por Marco Polo en su ruta terrestre hacia Oriente. Desengañado de tal creencia reanudó el viaje bordeando la costa cubana, dando a la isla el nombre de Juana, quien sería la reina loca de Castilla.

Fue el 22 de noviembre cuando Martín Alonso, en la carabela Pinta se separó de las demás embarcaciones para explorar por su cuenta, molesto por las dilaciones y divagaciones del Almirante. Veamos la opinión de Morales Padrón a este respecto:

Martín Alonso abandona al resto de la flotilla, pero ¿realmente la abandona?: Los tres barcos navegan hacia el Este, en busca de Babeque o La Española, donde los indios les han dicho que existe abundante oro. De pronto, el Almirante que navega el último, decide fondear, y sólo Vicente Yáñez, que marcha en segundo lugar, con la Niña, ve las señales de Colón y obedece, cambiando el rumbo. Podemos pensar que Martín Alonso, en Vanguardia, no ha visto dichas señales y continúa la marcha; llega a Babeque, donde obtiene oro con maña y viendo que los demás barcos no llegan, retrocede a su encuentro.

Es una hipótesis creíble pero de todos modos ello aumentó los motivos de enojo de Colón contra Martín Alonso.

El 6 de diciembre la flotilla arriba a Haití, de donde Las Casas dice que ya tenían información por los indios. El nuevo descubrimiento impresionó al Almirante por recordarle a Castilla, y por eso bautizó a la isla como La Española.

Pero si al principio, a causa del buen recibimiento de los naturales de la isla, los tomó por gente pacífica, pronto cambió su opinión a causa del espíritu combativo de los aborígenes haitianos. Sin embargo, al principio, el cacique Guacanagari envió a los expedicionarios ricos presentes y varios hombres al encuentro de las naves. La primera entrevista entre Colón y el cacique se celebró el 22 de diciembre.

Tres días más tarde, precisamente en Navidad, los hombres de Colón bebieron demasiado, y Juan de la Cosa, en vez de estar de guardia, se durmió, dejando que la nave capitana, a cargo de un grumete, terminara encallando, con lo que se rompió el casco y comenzó a hacer agua. Colón anotó el hecho en el diario de a bordo, reprochando al piloto ser el primero en huir en dirección a la Niña para ponerse a salvo, más que de la zozobra del barco de la ira del Almirante. Finalmente no fue posible desencallar la pesada nave capitana y lo único que pudo hacerse con ella fue aprovechar la madera para construir un fuerte al que se llamó *Navidad*.

Poco después, Colón zarpó de La Española, llevándose algunos indios consigo, además de muchos presentes y riquezas del lugar, entre los que se encontraba una gran cantidad de papagayos y monos.

Brújula utilizada en el siglo XVI.

Al principio, el viaje de regreso a España se realizó con tranquilidad, pero entre el 12 y 13 de febrero se presentó un fuerte temporal que azotó a las naves, especialmente a la Niña, en la que viajaba Colón, por lo que la embarcación tuvo que desviarse y el día 18 llegó a Nossa Senhora dos Anjos, en las Azores portuguesas, donde se les dio un buen recibimiento, pero después de unos días parte de la tripulación fue detenida, y supuestamente el rey Juan II de Portugal había dado la orden de apresar al Almirante; pero Colón, cuando iban a prenderle, respondió con soberbia que él era Almirante de la Mar Océana y Virrey de las Indias, añadiendo, según dice Navarrete:

Que agora eran las Indias de Sus Altezas. Y que dado que no le quisieren dar a su gente, no por eso dejaría de ir a Castilla, pues él tenía harta gente para navegar hasta Sevilla y serían él y su gente bien castigados (refiriéndose al capitán de la isla, un tal Castanheda).

El 24 de febrero, Colón reemprendió el viaje hacia España, pero un fuerte viento lo obligó una vez más a cambiar de rumbo, y el 4 de marzo llegó a Lisboa, donde el 9 fue recibido por el rey de Portugal y tratado como personaje de alto rango. Según Madariaga:

La acogida real fue muy cordial, y cualquiera que haya sido su pensamiento íntimo, Don Juan supo dejar en Colón una impresión excelente, el flamante Almirante se vio tratado como un grande de España y autorizado para sentarse en presencia del rey, quien expresó sus dudas sobre el derecho de la Corona de Castilla a las tierras descubiertas, pero diplomáticamente, Colón alegó ignorancia completa sobre esta cuestión. Durante dos días estuvo en la Corte, y el lunes siguiente, después de una visita a la reina, a la sazón en el monasterio de Villafranca, regresó a su carabela.

El 12 de marzo, el rey de Portugal lo invitó a hacer el viaje por tierra, pero el Almirante, receloso y temiendo una trampa, se embarcó el día 13 de marzo, y el día 15 ya se encontraba en el puerto de Palos. Martín Alonso, en la Pinta, arribó al puerto de Bayona, en el norte de España y desde ahí escribió una misiva a los Reyes Católicos, pero éstos le ordenaron reportarse directamente a Colón y ponerse a sus órdenes, por lo que navegó hacia Palos, llegando después que el Almirante.

De nuevo en España

En el puerto de Palos el recibimiento fue muy entusiasta. El convento de la Rábida y la mansión de los Pinzón se convirtió en el centro de atracción de los curiosos que ansiaban cruzar unas palabras con el gran descubridor o al menos tocar sus vestiduras. Desgraciadamente, Martín Alonso había contraído la sífilis y falleció apenas al mes de su llegada a Palos.

Los Reyes Católicos le ordenaron a Colón presentarse ante ellos en Barcelona, donde llegó entre el 15 y el 20 de abril, según unos, y el 30, según otros. La recepción fue superior a lo imaginado por el propio Colón, veamos la descripción del padre Las Casas:

Los Reyes estaban harto solícitos de ver su persona, y sabido que llegaba, mandáronle hacer un solemne recibimiento, para el cual salió toda la gente y toda la ciudad, que no cabían por las calles, admirados todos de ver aquella venerada persona, ser de la que se decía haber descubierto otro mundo, de ver los indios y los papagayos, muchas piezas y joyas y cosas que llevaba decubiertas, de oro, y de las que jamás se había visto ni oído.

Colón entró, pues, a la cuadra donde los Reyes estaban, acompañados de caballeros y gente nobilísima, entre todos los cuales no tenían por grande y autorizaba su cara venerada llena de canas y de modesta risa, mostrando bien el gozo y la gloria con que venía el insigne Almirante, que parecía un senador romano.

Hecho grande acatamiento, según a tan grandes príncipes convenía, levantáronse a él, como a uno de los grandes señores, y después, acercáronse más, hincadas las rodillas, suplícales que le den las manos, rogándose a se la dar, y besadas con rostros letísimos, mandáronle levantar y, lo que fue suma de honor y mercedes, de los que Sus Altezas solían a pocos grandes hacer, mandáronle traer un silla rasa y asentare entre sus reales personas.

Pero los Reyes Católicos, pasada la euforia del primer momento, pensaron rápidamente la manera de asegurar para su Corona las islas acabadas de descubrir.

La reclamación del rey de Portugal fue rápidamente denegada, invocando al tratado de Alcaçovas, y Fernando obtuvo del Papa una primera *bula, la inter Caetera,* con fecha del 3 de mayo de 1493, por la que se cedía a los Reyes Católicos las Indias descubiertas o que se descubrieran.

Hubo un pleito con Portugal por la posesión de las tierras "descubiertas o por descubrir", pleito que quedó finalmente zanjado a favor de España, al firmar el Papa Alejandro VI, la bula *Dudum siquidem,* el 26 de septiembre de 1493, cediendo a la Corona de España todas las islas y tierras no descubiertas y conquistadas por otros príncipes cristianos, lo que en la práctica abrogaba los privilegios otorgados a los portugueses sobre las Indias orientales.

El segundo viaje

Mientras se preparaba la segunda expedición, que era necesaria para asegurar y ampliar los dominios de España en las nuevas islas halladas por Colón, éste fue engrandecido y ratificado en todo cuanto había exigido antes del descubrimiento; además, fue nombrado Capitán General para el segundo viaje a las Indias. De cualquier manera, la organización de ese viaje corrió a cargo de Juan Rodríguez de Fonseca, de Sevilla, quien era de confianza de los monarcas. Según Las Casas:

Don Juan Rodríguez de Fonseca, aunque eclesiástico y arcediano, y después de este encargo que le dieron los Reyes sobre las Indias, fue Obispo de Badajoz y Palencia y, al cabo, de Burgos, en el cual murió; era muy capaz para negocios mundanos, señaladamente para congregar gente de guerra para armadas por la mar, que era más oficio de vizcaíno que de obispo, por lo cual siempre los Reyes le encomendaron las armadas que por mar hicieron mientras vivieron.

Para la segunda travesía se escogieron los puertos de Sevilla y de Cádiz, por considerarse pequeño el de Palos.

A diferencia del primer viaje, en éste fueron numerosos los voluntarios que solicitaron su enrolamiento en dicha armada. Pero a pesar de la impaciencia de los Reyes hubieron algunos contratiempos, e incluso estratagemas que retrasaron la partida.

Finalmente, el 25 de septiembre de 1493, partió del puerto de Cádiz la gran escuadra bajo el mando del nuevo Capitán General, entre vítores y aplausos. Se puso rumbo a las Canarias, y el 13 de octubre se abandonó ya la isla de Hierro para adentrarse en el Mar Océano.

El 3 de noviembre se arribó a la isla Dominica (Caire) y avistaron las pequeñas Antillas, islas que Colón fue descubriendo, tomándolas en nombre de los reyes de España, y bautizándolas con diversos nombres, como María Galante, Guadalupe y Deseada.

Colón navegó con tanta rapidez por entre aquel conjunto apretado de islas, que algunos de sus biógrafos han supuesto que ya las conocía desde antes.

En la isla Guadalupe encontraron una comunidad de temibles caníbales y vieron restos de los horribles banquetes humanos; al respecto dice el padre Las Casas:

Al parecer, aquellos salvajes tenían la costumbre de ceñirse las pantorrillas con cuerdas de algodón, solían castrar a sus prisioneros para que engordasen antes de comérselos, las mujeres hablaban entre sí una jerga que los hombres no entendían, y que a las muchachas cautivas embarazadas las trataban con cierta consideración, porque estimaban como un sabroso manjar los niños que de ellas habían de nacer.

El 10 de noviembre, la armada puso rumbo al Noroeste, hacia la Española. El 19 de noviembre llegaron a la isla Borinquen, o sea, a Puerto Rico.

En el museo "Colón" de Las Palmas, se pueden apreciar estos instrumentos utilizados por el Almirante durante sus viajes.

Colón en Puerto Rico

Como ya hemos dicho, el día 10 de noviembre zarpó el crucero de Guadalupe rumbo al Noroeste para ir a La Española. Al mediodía vieron, a su izquierda, una isla, y por su altura el Almirante la llamó Santa María de Montserrat, en obsequio al célebre monasterio catalán, de cuyo seno traía doce sacerdotes al nuevo mundo; esta isla, según la aseveración de los indios traídos a bordo, había sido despoblada por los caribes, comiéndose a su gente. El mismo día, por la tarde, divisaron otra isla, también a la izquierda, que el Almirante llamó Santa María la Redonda; al día siguiente, 11 de noviembre, llegó a Santa María la Antigua, cuyo nombre puso a esta isla en conmemoración a la iglesia más venerada de Valladolid. Siguiendo su derrotero al Noroeste los viajeros distinguieron muchas islas, situadas en la parte norte, y corrientes al Noroeste-Sudeste, todas ellas muy altas, dando fondo frente a una de ellas, que llamó San Martín, porque precisamente corresponde ese día al del Santo Obispo y confesor que lleva ese nombre.

El 12 de noviembre, la armada levó anclas, sacando pedazos de coral pegados a ellas, lo cual alegró a los tripulantes y viajeros, despertando grandes esperanzas; sin embargo Colón no quiso detenerse, pues se acentuaban sus deseos de llegar a La Española. Soplaron vientos contrarios y el navío, entorpecido en su marcha, tuvo que llegar por fuerza a Santa Cruz, de donde partió el 14 de noviembre, al medio día. Luego inclinó el derrotero al Norte y, entorpecido por un archipiélago de islillas, se detuvo frente a Virgen

Gorda, donde llegó ya de noche. Al día siguiente, el Almirante dispuso la exploración de dicho archipiélago, siguiendo hacia el Norte, llamando a la mayor Santa Úrsula y a la otra Las Vírgenes. Navegó todo el día y al siguiente, el 16 de noviembre, por la tarde, divisó las tierras de Borinquen. Avanzó por el Sur todo el día 17 y los tripulantes pudieron observar que la isla tenía por aquella banda treinta leguas. Fijó entonces el rumbo al Norte y dio anclaje el día 19 de noviembre.

A pesar de que Cristóbal Colón tenía mucho interés en llegar cuanto antes a La Española, el aspecto frondoso y exuberante de la selvática isla avivó la imaginación del navegante y decidió detenerse para explorar el terreno. La impresión que recibió a primera vista hizo que la llamara San Juan Bautista.

El viernes 22 de noviembre, al alba, la nave puso rumbo al Noroeste y, antes de anochecer, los viajeros avistaron tierra desconocida, pero por las indias borinqueñas que iban a bordo supieron que era La Española. El aspecto de la comarca hacía dudar a Colón y por ello envió a tierra, frente a Samaná, a uno de los indios naturales de ella, el cual, por supuesto, no regresó; el crucero siguió costeando, y el 26 de noviembre el almirante volvió a enviar bateles a tierra, trayendo indios voluntarios, quienes, tocando la ropa de los navegantes decían "camisa... jubón...", por lo que no quedó más duda de que por fin se encontraban en La Española.

No obstante, es preciso corroborar el hecho de que, efectivamente, Colón llegó a Puerto Rico, tal como se ha descrito.

Interrogar los anales de la historia significa seguir, de manera cuidadosa, esa senda misteriosa sobre la cual la imagen de la verdad se va revelando como si fuera una aparición fantasmal. La revelación histórica se ofrece al espíritu investigador como el fruto de largas y serias observaciones y comprobaciones.

Cuadro de Kemmelmejer donde muestra su visión con respecto al encuentro de dos culturas.

El diario o cuaderno de bitácora del Almirante, en su segunda expedición, se ha perdido, y ni siquiera se ha conservado un fragmento de él, como el que hizo el padre Las Casas del diario del primer viaje. También se han extraviado las cartas y el memorial del virrey remitidas por conducto de Antonio Torres a los Reyes Católicos, que les fueron entregadas en Medina del Campo. Sin embargo, y afortunadamente, se conservan las de los Reyes al Almirante, acusándole el recibo de las misivas y de su memorial.

Como un valioso documento histórico respecto de esta empresa, existe la carta dirigida al Cabildo de Sevilla por el físico de la armada, don Diego Alvarez Chanca, quien fue uno de los expedicionarios. También se conserva en el Museo Naval de Madrid la carta náutica de Juan de la Cosa, la parte correspondiente a América, levantada por el famoso piloto durante el segundo viaje, y en la expedición de

Alonso de Ojeda, el mismo año. Entre las diecisiete naves de la armada, en las que se verificó la segunda empresa del almirante, volvió a recorrer el Mar Tenebroso la carabela la Niña, que fue la que tuvo la fortuna de llegar a España en primer lugar para dar la buena nueva del descubrimiento, y en ella venía Juan de la Cosa, como maestre en el arte de hacer cartas náuticas.

Pero tampoco se puede prescindir de los demás cronistas por no haber ido a la expedición. Además de la carta del médico sevillano y el mapa del famoso Juan de la Cosa, viene en segundo orden la interesante carta de Pedro Mártir de Aglería al vizconde Ascanio Sforcia, cardenal y canciller. Esta epístola fue escrita en latín por el célebre Consejero de Indias para informar al Papa de la marcha de los descubrimientos de Cristóforo Colombo. Para redactar dicho documento, Mártir de Anglería se asesoró minuciosamente de los viajeros que habían participado en la expedición, y principalmente de Antonio Torres, comandante de las doce naves que retornaron a Cádiz. La corte estaba en Medina del Campo, y de ahí fue el jefe de la flota de regreso a rendir a los Reyes cuenta del viaje, y entregarles las cartas y el memorial del virrey.

La sinceridad de Pedro Mártir de Anglería no puede ponerse en duda, pues él mismo declara ser solamente el cronista de lo que le narraron los viajeros en el segundo viaje, de manera que este documento presenta el mismo relato que hubiera hecho el propio Antonio Torres. Este hombre era un experimentado piloto, que fue nombrado por la Corona para llevar a Cádiz la armada de retorno, en lo que sería el primer viaje por el Mar Tenebroso que no dirigiría el almirante Colón. La empresa de Torres se realizó sin mayores contratiempos, a pesar de que en aquellos tiempos se ignoraba la necesidad de hacer rumbo al Norte para encontrar los vientos del Oeste, que facilitaban a los navegantes el regreso a Europa. Muy pronto, el mismo Torres llevó La Española un convoy compuesto de tres naves aprovisionadas que los Reyes enviaron a Colón, y volvió a regresar felizmente a España, portando un conglomerado de indios prisioneros que se habían capturado en una rebelión, y también llevaba oro, palo de Brasil y otros productos curiosos.

Corresponde también el turno de preferencia a Fernando Colón, el hijo natural del almirante. En la colección de libros raros y curiosos que tratan de América, se encuentra la biografía de Cristóbal Colón escrita por su propio hijo, don Fernando, y dice el prólogo de esta obra:

La figura de don Fernando Colón es de una magnitud colosal en la historia de nuestros descubrimientos. El padre fue un héroe. El hijo el historiador. La epopeya es del padre. La historia pertenece al hijo. El uno realizó, y el otro escribió la odisea de sus viajes y el poema de sus descubrimientos.

Colón, al darse a la vela para la segunda empresa, fue acompañado por sus hijos Diego y Fernando a Cádiz. Quedaron los hijos del descubridor como pajes del príncipe Juan, y al regresar el Almirante los encontró en el palacio del dicho príncipe, que a la sazón celebraba sus bodas con doña Margarita, hija del emperador Maximiliano. Colón, a la vez que pudo ver a sus hijos, contribuyó a dar esplendor a las fiestas con cuantas curiosidades y riquezas había podido atesorar. Es lógico suponer, pues, que el Almirante narrara sus aventuras a los hijos durante ese encuentro, que duró un año completo. Además, don Fernando acompañó a su padre en el infortunado cuarto viaje, y a la muerte del Almirante tuvo en su poder los papeles de su padre, siendo el fundador de la gran Biblioteca Colombina. En 1509 acompañó a su hermano don Diego a tomar posesión del virreinato, y de 1512 a 1520 efectuó otro viaje al Nuevo Mundo, por todo ello se deduce que estaba bastante autorizado para escribir la historia de su padre.

Y, por supuesto, también es de considerarse la valiosa aportación de Fray Bartolomé de Las Casas, cuyo padre y tío navegaron con Colón en su segundo viaje. Además de otros historiadores de primera mano, como Andrés Bernárdez, Antonio de Herrera, Francisco López de Gómara, y Fray Íñigo Abbad y Lasierra, con su *Historia de Puerto Rico.*

La tragedia de la *española*

Después de Puerto Rico, Colón arribó a La Española y comprobó los peores temores expresados ya por Martín Alonso Pinzón: el fuerte de Navidad estaba arrasado y sólo hallaron algunos restos de los miembros que habían quedado como guarnición, compuesta por 40 hombres. Naturalmente, Colón decidió reconstruir su poderío, que era el de España, en aquella isla; pero él no era político ni hombre de Estado; receloso y harto desconfiado, sólo se fiaba de los hombres de su camarilla, que no eran muy eficientes, con excepción de Antonio Torres.

Fue Bernal de Pisa quien primero se rebeló contra lo que muchos consideraban la tiranía impuesta por Colón. Bernal de Pisa era el contador real y deseaba apoderarse de los cinco navíos que quedaban en la isla tras haber partido Antonio de Torres hacia España, cargado de tesoros, aunque el oro era en realidad muy escaso, y tampoco habían buenas especias.

Bernal deseaba volver a España y contar todo lo relativo a lo que, según él, había hecho Colón en su administración de la colonia. Pero Bernal cometió la equivocación de escribir una pesquisa sobre Colón y esconderla en una boya de madera; los espías del Almirante la encontraron y Pisa fue encarcelado, además de que algunos de sus cómplices fueron severamente castigados; por lo menos uno fue ahorcado.

Posteriormente, Colón organizó una expedición a Cibao, a fin de apoderarse de la región aurífera que había descubierto Antonio de Ojeda. A partir del 12 de marzo de 1494, con 500 hombres, Colón delegó el mando en su hermano Diego, joven muy inexperto en cuestiones de gobierno. Esto molestó a otros personajes más capacitados para esos menesteres y que además tenían un rango mucho mayor. Lo cierto es que Colón siempre tendió al "nepotismo", como se dice ahora, favoreciendo a sus parientes y amigos con los cargos de mayor autoridad, lo que seguramente hacía para cimentar su precario poder.

Cuando Colón llegó a Cibao vio que aquello no era nada semejante al Cipango descrito por Marco Polo; aunque en sus ríos abundaba el oro, por lo que mandó construir el fuerte de Santo Tomás, cerca del río Xanique, creando la base para una explotación aurífera de la región.

La codicia de algunos provocó nuevos conflictos, y en vista de ello el Almirante adoptó las medidas que en su diario describió Michele de Cúneo:

Quienes fueron encontrados en falta fueron duramente azotados, a uno le cortaron las orejas y a otro la nariz, que era una pena verlo.

El 29 de marzo, Colón volvió a la Isabela, donde se vio envuelto en nuevos conflictos. Ahí reinaba el hambre y la miseria, pues casi todos los víveres traídos de España se habían podrido en aquel clima tan húmedo y caluroso. Entonces Colón ordenó construir molinos, por tener abundancia de trigo, y según Bartolomé de Las Casas:

Ordenó que también ayudasen los hidalgos y gente de Palacio o de capa prieta, que también hambre y miseria padecían, y a los que a unos y a los otros se les hacía a par de muerte el ir a trabajar con sus manos, en especial no comiendo.

Esto, señala Las Casas, causó tanto alboroto que Colón tuvo que incorporar la violencia al mando. Oviedo asegura que:

El Almirante ahorcó a algunos, y en especial a un tal Gaspar Ferriz, e a otros azotó, e comenzó a se mostrar severo é con más rigorosidad de la que solía. El Almirante era culpado de crudo en la opinión de aquel religioso, el cual, como tenía las veces, íbale la mano; él, así como Colón, hacía alguna cosa que al frayle no perecíale justa, en las cosas de la justicia criminal, luego ponía en entredicho y hacía cesar el oficio divino. Y en esta hora el Almirante manda cesar la ración y ordena que no se le diese de comer al fray Boyl ni a los de su casa…

Fue en esos tiempos que Colón tuvo noticia de que el cacique Caonabó se aproximaba con indios armados al fuerte de Santo Tomás, enviando al momento a Alonso de Ojeda al mando de 400 hombres entre los cuales se hallaban algunos de los más descontentos, en ayuda de Pedro Margarit, comandante del fuerte.

Alonso de Ojeda entró a sangre y fuego en los poblados indígenas, apropiándose de mujeres, víveres y toda clase de enseres. Así quedó declarada la guerra entre españoles e indios, quienes siempre llevaron la peor parte. Finalmente, Alonso de Ojeda dio cuenta del cacique Caonambó y de sus seguidores, con lo que se restableció una calma tensa, tanto entre la gente de Colón como entre ellos y los naturales.

La captura de Caonambó produjo un levantamiento general en la isla. El 24 de marzo Colón reunió a todos sus hombres de a pie y de caballo, y en la Vega Real hizo frente a los indios sublevados, que Las Casas cifra en cien mil, número a todas luces exagerado.

Los hombres de Colón derrotaron fácilmente a los indios debido a la superioridad tecnológica de sus armas y sus costumbres guerreras, obligándolos a pagar fuertes tributos a partir de ese momento.

En noviembre de 1495, llegó a La Española el sevillano Juan de Aguado con una flotilla. Él era el repostero de los monarcas, quien ya había estado en la isla con Antonio de Torres y traía la encomienda de averiguar la verdadera situación de esa colonia e informarse de cuanto se rumoreaba en España contra el Almirante.

Pero en los tiempos de la llegada de Juan de Aguado se desató un fuerte huracán y se perdió la flotilla que constaba de cuatro barcos; con los restos de esas naves Colón mando fabricar dos carabelas (los primeros barcos construidos en América), y el resto de la madera lo empleó en la construcción de fuertes.

Luego nombró a Bartolomé, su hermano, Capitán General y Gobernador, a Diego ayudante de Bartolomé, y a su criado Francisco Roldán Alcalde Mayor de la isla.

Juan de Aguado, que se había salvado del naufragio de sus naves, tomó buena nota del descontento que tales nombramientos provocaron entre los demás, especialmente lo del criado Roldán.

Las dos carabelas, ya aparejadas, marcharon para España el 10 de marzo de 1496. En total se embarcaron 225 hombres, con treinta indios, entre los que estaba el valiente Caonanbó, con el oro y los productos de la tierra.

Aquella travesía fue tan accidentada y penosa que en ella murieron algunos españoles y muchos indios, Caonanbó entre ellos.

Finalmente, las carabelas llegaron al puerto de Cádiz el 11 de junio de 1496. Colón había enfermado ya de artritis o gota, según su cronista Las Casas.

El tercer viaje

A su arribo a Cádiz, el Almirante expidió correos con instrucciones a las Indias y prosiguió su viaje por tierra a Sevilla, donde se enteró de que la corte se encontraba en Burgos, para preparar el doble matrimonio del príncipe de Asturias y la infanta doña Juana con los archiduques Margarita y Felipe, hijos del emperador Maximiliano.

Esta noticia entusiasmó Colón, quien probablemente se daba cuenta de la animadversión de los monarcas a causa de sus actitudes como virrey, además de que le permitía satisfacer sus ánimos histriónicos, pues desde Andalucía hasta la tierra castellana se le ofrecía de nuevo un vasto público rural y sensible al cual conmover con su presencia teatral, presentándose en todos lados demacrado, envejecido y vistiendo un humilde sayal a la manera de los penitentes.

El contraste de su doliente humildad con el esplendor del séquito que lo acompañaba demostraría a los ascéticos españoles la austeridad del Almirante, diluyéndose con ello todas las "leyendas negras" que habían propalado sus enemigos, que ya eran muchos.

Ocurrió como lo pensaba; el pueblo español adoraba la sobriedad de sus monarcas y de su arzobispo Ximénez de Cisneros, pero sobre todo la presencia raída y miserable del individuo que manipulaba los inmensos territorios y tesoros del Nuevo Mundo, por lo que la gente comenzó a atribuir a la malevolencia de los envidiosos todos aquellos ataques efectuados en contra de tan noble personaje.

Los Reyes, por su parte, lo recibieron de distinta manera a como pensaba, y si bien la acogida no fue tan entusiasta como en Barcelona, pero sí fue sumamente cordial. Los Reyes escucharon absortos el relato de sus aventuras y desventuras y se emocionaron con el tono ampliamente patético de sus palabras, mostrándose bien dispuestos a ayudarle a vencer los inconvenientes y las complicaciones acumuladas en las nuevas tierras de la Corona de España.

En tales circunstancias, el Almirtante obtuvo el permiso, y casi la orden, de realizar un tercer viaje, adoptando una serie de medidas administrativas que garantizasen ampliamente sus privilegios y su reforzada autoridad.

La organización del tercer viaje, entre demoras y contratiempos, iba siendo aplazada a causa de los cuantiosos dispendios que suponía, y más tarde por el luto regio que causó la muerte del príncipe de Asturias. Sin embargo, todas las contrariedades fueron vencidas por la tenacidad de Colón, y el 30 de mayo de 1498, después de hacer testamento, pudo zarpar de Sanlúcar de Barrameda, con seis naves requisadas por la Corona, pues los armadores de Andalucía se habían negado a fletar sus carabelas.

Es conveniente escuchar al cronista de Colón, fray Bartolomé de Las Casas:

El 30 de mayo de 1498 partió del puerto de Sevilla la tercera expedición colombina con abundantes pertrechos y 330 hombres.

En este viaje, la primera escala de Colón fue Porto Santo, en las islas Madeira. Luego se dirigió a las Canarias, y en la isla de Gomera aprovisionó finalmente a las naves, dividiendo la flota en dos cuerpos: tres barcos irían a la Española para llevar víveres a la colonia, y los otros tres, al mando del Almirante pondrían rumbo a las islas Cabo Verde, donde al final arribaron el 27 de junio, para comenzar un nuevo viaje de descubrimientos.

Los vientos, no obstante, no fueron favorables y sufrieron un calor tan enorme que reventaron los toneles del vino y del agua y se corrompieron los alimentos.

Deseando el Almirante descubrir tierra firme, llegó el 31 de julio a la isla de la Trinidad.

Lo que ignoraba Las Casas era que esta isla estaba próxima a la costa de Venezuela. La exploración de dicha isla y de las costas cercanas le condujo al descubrimiento de las bocas del Orinoco. El 15 de agosto escribió en su diario:

Yo creo que éste es un gran continente hasta ahora desconocido, pues se mueven grandes masas de agua dulce en sus cercanías.

Pese a esto, jamás se enteró de lo grande que en realidad había sido su descubrimiento.

La exploración de la península de Paria le obligó a pensar que había hallado el Paraíso Terrenal y que el Orinoco nacía precísamente en ese territorio fantástico. Es decir, Colón seguía aferrado a su idea de Asia. Su creencia, según Las Casas, se basaba en los textos de Pierre d'Ailly, el Génesis, Ptolomeo y Séneca.

A este respecto, dice Rodríguez Padrón:

Ni siquiera se daba cuenta de haber entrado en contacto con nuevas culturas; los indios estaban dotados de una mejor civilización que los antillanos, expresada en grandes canoas con cabina, en tejidos de algodón, en metalurgia, el guanin, mezcla de oro y cobre, en el uso de las flechas envenenadas y en beber la chicha.

Pero Las Casas dice que al abandonar aquellas costas para ir a la Española, el Almirante *vino en conocimiento de que la tierra tan grande no era isla, sino tierra firme.*

Cuando llegó Colón a la Española encontró a su fiel criado Francisco Roldán en abierta rebeldía contra los hermanos Colón. En efecto, el hombre en quien más había confiado el Almirante para detentar su autoridad, después de sus hermanos, estaba al frente de una rebelión contra Bartolomé y Diego, los verdaderos jerarcas de la isla.

Durante la ausencia de Cristóbal, Bartolomé, primer adelantado de las Indias, había trasladado la capital de la colonia a Santo Domingo, que él había fundado, tomando en cuenta que se encontraba en la zona aurífera designada por Colón.

A finales de agosto de 1499 llegó la flotilla del Almirante a la Española, a una cien leguas al oriente de Santo Domingo. En esta nueva capital la población estaba agotada y abundaban los infectados por la sífilis. No obstante, lo más grave era la guerra abierta entre Roldán y los Colón. A Roldán lo seguían casi todos los habitantes de la isla. Esta rebelión, calificada de "democrática" por algunos historiadores, estaba polarizada entre los hidalgos y los caballeros, fieles a Colón, y los hombres de filas, seguidores de Roldán, a quien Pedro Mártir califica de "facineroso" y que, concertando con el cacique Guarionex, se adueñó de las tres carabelas enviadas por Colón desde las Canarias y conquistó a gran parte de la tripulación de las mismas, con la promesa de oro, mujeres y esclavos. Luego declaró la guerra a Bartolomé.

Como Colón no contaba con suficientes hombres para hacer frente a la rebelión, procuró zanjar las desavenencias con los sublevados, y para esto se vio obligado a pactar con Roldán de forma humillante para él, accediendo a reponerlo en su cargo de alcalde mayor de Santo Domingo y de la isla entera, y concederle a él y a sus seguidores que se quisieran quedar en la isla tierras gratuitas, y pasaje también gratuito a quienes desearan regresar a España.

De esta manera, Colón instauró en el Nuevo Mundo el derecho feudal, que en España estaban tratando de abolir los propios reyes, estableciendo el reparto de tierras y de indios en América, lo que se convertiría en las famosas "encomiendas".

Pero la situación se complicó al llegar Alonso de Ojeda con cuatro carabelas procedentes de España. Ojeda atracó en el puerto de Yáquimo, con la idea de establecer un dominio propio, esclavizar a los indios y conseguir grandes cantidades de oro. Con esta finalidad intentó atraerse a los seguidores de Roldán, pero él respetó el acuerdo y luchó al lado de los Colón, por lo que Ojeda se vio obligado a salir de la isla en marzo de 1500, llevando un cargamento de esclavos que vendió en el puerto de Cádiz.

Pero la historia de las rebeliones no termina aquí, Ladrón de Guevara y Adrián de Múgica protagonizaron otra revuelta. Todos estos movimientos tenían la finalidad lograr la hegemonía del poder en la isla y con ello acceder a sus riquezas, principalmente en forma de oro y esclavos.

Pero esta vez Colón y su hermano Bartolomé lograron desarticular la rebelión desde sus inicios e incluso ahorcaron a varios de los rebeldes, encarcelando a muchos otros y desterrando a los demás.

Mientras tanto, Alonso de Ojeda, Juan de la Cosa y Américo Vespucio habían iniciado por su cuenta la búsqueda de perlas en las costas venezolanas, descubriendo así las islas de Curaçao, Bonaire y Arubay. Por su parte, Vicente Yáñez Pinzón estaba explorando las costas de América del Sur, descubriendo la desembocadura del río Amazonas en 1500.

Ante esta situación, que menguaba su autoridad, Colón envió una carta a los Reyes desde La Española, justificándose de los fallos y equivocaciones que le atribuían los que regresaban a España con nuevas noticias de descubrimientos de tierras y riquezas. Colón, entonces, solicitó de los Reyes que se le enviase un letrado que administrara justicia, comprometiéndose él a pagarle un sueldo. También solicitaba de los Reyes *que le hiciesen la merced de mandarle a su hijo Diego para ayudarle a que él descansase algo y Sus Altezas fuesen mejor servidos…*

Además, y por si acaso se hablaba mal de él en la corte, agregaba: *Yo no sé si yerro, mas mi parecer es que los Príncipes deben hacer mucho a favor de los gobernantes en cuanto que los tienen a su cargo, porque con disfavor todo se pierde.*

En realidad, chocaban dos concepciones diferentes sobre la forma de colonizar. Con su mentalidad de navegante-mercader, el Almirante proyectaba el negocio indiano bajo las bases de un monopolio estatal bajo su propia férula, donde sólo contaban las dos partes que habían capitulado en Santa Fe: los Reyes y él mismo. El resto de los participantes en la empresa lo harían como simples asalariados, de manera similar a los empleados de una fábrica, encontrándose siempre incondicionalmente a las órdenes de su incuestionable jefe: Cristóbal Colón.

Tal parece que su preocupación fundamental fue siempre la rentabilidad de la empresa, y con este objetivo planeó la construcción de una serie de fuertes-almacén, construidos y sostenidos a expensas de la Corona y estratégicamente repartidos por todo el territorio de La Española, como puntos de control de toda la actividad económica. Por su parte, los indígenas, mediante trueque, darían todo el oro que tuvieran a cambio de simples baratijas; pero como tal situación pronto demostró su ineficacia entonces se procedió a la venta de los indios más belicosos como esclavos, a quienes se acusaba de practicar el canibalismo, mientras que los más pacíficos serían sometidos a tributo en especie (oro y algodón, principalmente) lo que autofinanciaría la empresa y engrosaría las arcas reales así como las del propio Colón, tal como se preveía en las capitulaciones.

Pero la concepción de los políticos españoles era muy distinta, herederos de una larga tradición conquistadora y repobladora en su propia tierra, la gente española no concebía trabajar y luchar para conseguir solamente un salario fijo, lo que ellos deseaban era también ir a la aventura en busca de fortuna, de libertades y franquicias; finalmente el control de la empresa no dejaría de tenerlo la Corona, pero la iniciativa privada y sus posibles beneficios era la principal motivación para los españoles, cualquiera que fuese su rango.

Era lógico que formas tan opuestas de entender la colonización chocaran pronto, y en especial cuando los objetivos propuestos por el Almirante, como la obtención fácil

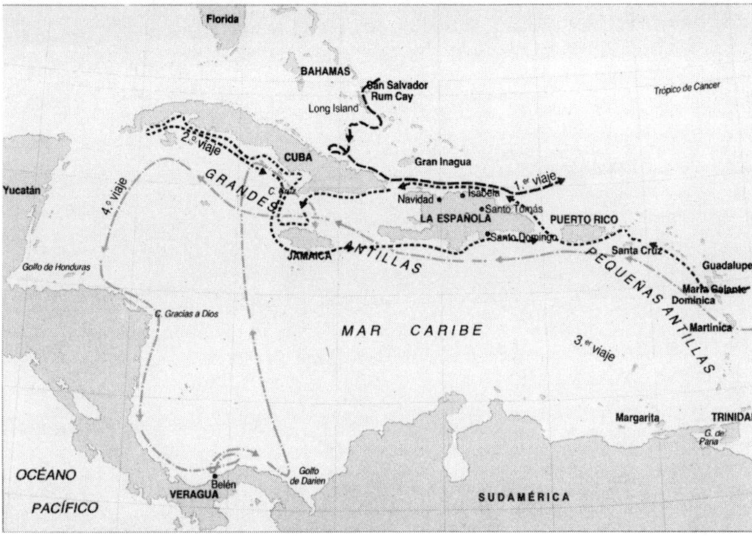

Exploración de Colón por las Antillas.

de riquezas que él había vaticinado con tanto ahínco, por el momento no se había conseguido en cantidades suficientes como para justificar los costos. Los españoles murmuraban también del favoritismo concedido por el Almirante a sus hermanos Bartolomé y Diego, dotados, según ellos, de escaso tacto diplomático. América se había transformado en un feudo de los Colón, y aquellas gentes, curtidas en cien batallas, y que habían ido a respirar la libertad que no tenían en Castilla, no lo podían tolerar.

Los hermanos en cautiverio

Cuando decidieron el magistrado solicitado por Colón, los monarcas debieron estudiar muchos informes contradictorios, aunque en todos abundaban las pruebas de que los hermanos Colón no eran aptos para gobernar a gente tan aventurera como la que estaba marchando al nuevo mundo.

Pedro Mártir, muy allegado a la reina Isabel, confiesa que en la corte se acusaba a Colón de ser *injusto él y su hermano, aparte de impíos, enemigos y malversadores de la sangre española.*

Los Reyes, al final, eligieron a un *caballero antiguo, criado de la Casa Real, hombre muy honesto y religioso, llamado Francisco de Bobadilla, caballero de la orden militar de la Calatrava, otorgándole plenos poderes para ejercer la gobernación e oficio de Juzgado de dichas islas e tierra firme.*

Todo ello significaba quitarle a Colón, en la práctica, su título de Virrey y Gobernador de lo descubierto, aunque no hay que olvidar que él mismo había pedido que se le enviara un funcionario de respeto para ejercer la justicia.

Fue el 12 de agosto que llegó Bobadilla con dos carabelas a Santo Domingo, donde a la sazón se hallaba solamente Diego Colón, ya que el Almirante se encontraba en la Concepción, reduciendo a sus enemigos cristianos, y Bartolomé estaba con Francisco Roldán, haciendo lo mismo en Xaraguá.

De cuando en cuando —escribe Madariaga—, *uno u otro de los belicosos hermanos enviaba a Don Diego un racimo de prisio-*

neros con la orden terminante de ahorcarlos sin pérdida de tiempo, y el desdichado Diego, quien no tenía suficiente con una horca, tuvo que levantar otra en un extremo de la ciudad.

Bobadilla, al ver que el viento no era favorable para su entrada en el puerto, se mantuvo al pairo en alta mar. Entonces el gobernador interino envió una canoa a las naves para informarse de quién era el comandante de la expedición y cuál era su cometido. Sin embargo, fue Bobadilla quien en realidad se enteró de lo que ocurría en la isla, pues aquella misma semana habrían ahorcado a siete españoles, y había otros cinco, entre los que se hallaban Pedro Riquelme y Hernando de Guevara, aguardando su turno.

Bobadilla decidió actuar con gran cautela y tacto. Al día siguiente asistió a una misa con todo su séquito, y al salir del templo, en el pórtico, hizo leer a su escribano ante la mayor parte de los habitantes de la ciudad, su nombramiento de Pesquisidor General.

Sin mostrar todas sus cartas, que eran numerosas, le pidió a Diego que le entregase todos los prisioneros, pero aquél alegó que debía esperar al Almirante, pues él carecía de poderes. Al día siguiente, al salir de la iglesia, Bobadilla repitió la misma ceremonia, pero esta vez el escribano leyó una carta real donde se nombraba al comendador de Calatrava, Gobernador de la isla.

Después de prestar el juramento pertinente para asumir el cargo, insistió cerca de Diego y del alcalde mayor, Rodrigo Pérez, para que le entregaran los presos y las actas del proceso contra ellos; pero Diego volvió a rechazar las peticiones de Bobadilla, con los mismos alegatos del día anterior. Entonces, el gobernador reconocido por la Corona puso todas sus cartas delante de la comunidad que se encontraba presente. El escribano leyó otras dos cartas; en la primera los Reyes ordenaban que le fueran entregadas las fortalezas, armas y bastimentos, y en la segunda, se le autorizaba a pagar los sueldos devengados con cargo a la cuenta real o a la del Almirante, según el caso. Éste último documento fue el final del debate, pues puso casi a todos los habitantes de parte del comendador.

Al ver que Diego volvía a rechazar las pretensiones de Bobadilla, éste fue con sus tropas y numerosos voluntarios a la fortaleza y la tomó por la fuerza en nombre de los Reyes.

Entonces se inició una verdadera guerra entre el nuevo gobernador Bobadilla y Cristóbal Colón, Virrey y Gobernador General de las Indias, con una serie de transacciones por intermedio de fray Juan de Trasierra y el tesorero real Velázquez, que terminaron con la detención y procesamiento de Cristóbal Colón y sus hermanos Bartolomé y Diego.

En verdad, Bobadilla fue un auténtico oportunista, ya que hizo pregonar que se podía acaparar el oro libremente, entregando solamente la décima parte al Erario, con lo que la mayoría de los colonos se pusieron de su parte, acusando de innumerables delitos a los Colón.

Cuando, por fin, Cristóbal se presentó en Santo Domingo, a fin de dejar bien sentada cuál era la autoridad judicial de Bobadilla, supo que su hermano Diego estaba detenido, y que él y Bartolomé correrían igual suerte. Por su parte, tampoco está muy clara la conducta del Almirante. El proceso que Bobadilla abrió a Colón desapareció de forma misteriosa, de modo que cuando se iniciaron los famosos "pleitos colombinos", el fiscal lo reclamó reiteradamente, sin que le fuese entregado.

Dicen que el nuevo gobernador —escribe Pedro Mártir— *ha enviado a los Reyes cartas escritas por al Almirante en caracteres desconocidos, en las que advierte y aconseja a su hermano el Adelantado, que estaba ausente, que venga con fuerzas armadas a defenderle contra todo ataque por si el gobernador intentase venir en contra de él con violencia.*

Y Las Casas añade: *Los Colón no mostraron prudencia ni discreción al gobernar a los españoles como debieron hacerlo.*

Poco después se presentó Bartolomé Colón en Santo Domingo, llamado por carta por parte de su hermano Cristóbal, a petición de Bobadilla, y los tres miembros de la dinastía Colón quedaron en la fortaleza cargados de grilletes, en tanto que Bobadilla iba recopilando todas las acusaciones, muchas de ellas fundadas en malevolencias, rumores y chismes de los enemigos de Colón.

No es de dudarse que el gobierno de Colón había dejado mucho que desear, pero eso no es bastante razón para humillar al gran descubridor y cargarlo con grillos como si se tratara de un delincuente común.

Fue a primeros de octubre de 1500, a los ocho años de haber pisado por primera vez Colón tierras americanas, en la isla Guanahaní, cuando él y sus hermanos abandonaron Santo Domingo y marcharon encadenados rumbo a España.

El Almirante había llegado tan alto y se encontraba tan pagado de sí mismo, que la caída debió ser mortal; durante la travesía escribió estas palabras:

Si yo robara las Indias... y las diera a los moros, no pudieran en España mostrarme mayor enemiga.

Colón era custodiado por Alfonso de Vallejo, pariente del Obispo Fonseca, por lo que Las Casas opina que el Obispo *hacía el oficio de vizcaíno y no era ajeno a la caída del Almirante y a las trapisonadas de Bobadilla.*

Sin embargo, tan pronto como zarpó la carabela en la que iba Colón, Vallejo quiso quitarle los grillos, pero *Colón jamás lo consintió, diciendo que, puesto que los Reyes Católicos mandábanle por su carta que ejecutase lo que en su nombre mandaba Bobadilla, y éste, por su autoridad y comisión, le había puesto los grillos, no quería que otras personas que las de sus altezas hicieran sobre ello lo que les pareciese, pues tenía determinado guardar los grillos para reliquia y memoria del premio de sus muchos servicios, y así lo hizo, porque yo los vi siempre en su cámara y quiso que fuesen enterrados junto con sus huesos. Dice Fernando Colón.*

El tercer regreso de las Indias a Castilla no tuvo, como los otros dos, tormentas, huracanes, hambre o sed; pero si hubo una severa tempestad en el corazón de Cristóbal Colón.

Cádiz recibió con estupefacción al Almirante, quien a su llegada escribió una carta al ama del príncipe don Juan, del que sus hijos Diego y Fernando eran pajes, dando en ella abundantes detalles. Astutamente, Colón sabía que éste era el camino más corto para llegar a los Reyes y adelantarse a los informes de Bobadilla.

En esos tiempos, la corte se asentaba en Granada, y Fernando, el hijo de Cristóbal, recordó más tarde que los cortesanos enemigos de su padre decían al verle junto a su hermano:

Mirad a los hijos del Almirante, los mosquitillos de aquél que ha hallado tierras de vanidad y engaño para sepulcro y miseria de los fidalgos castellanos; añadiendo muchas injurias, por lo cual excusábamos pasar delante de ellos.

No obstante, cuando los Reyes Católicos se enteraron de que los hermanos Colón se encontraban en la cárcel, ordenaron que al instante fuesen puestos en libertad. Luego, para que pudiesen presentarse en la corte con la dignidad que correspondía a su alto rango, los monarcas enviaron al almirante dos mil ducados.

Dice Las Casas que el 17 de diciembre de 1500, Cristóbal y sus dos hermanos comparecieron ante doña Isabel y don Fernando. El Almirante cayó de rodillas delante de los monarcas, comenzando a temblar y a sollozar. Por lo visto solamente al escuchar el tono amable de los Reyes, ordenándole alzarse, se serenó y cobró ánimos, hablando largamente de su lealtad a los soberanos, y explicando que si había cometido errores, todo había sido hecho de buena fe.

Bartolomé, en cambio, más soberbio, les recordó a los Reyes que, viviendo en París al servicio de Madame de Borbón, había sido requerido por su hermano el Almirante *para venir a servir a los Reyes de Castilla y Aragón, porque sería honrado y acrecentado.*

Después agregó que había cumplido con su deber obedeciendo al Almirante y sirviendo a los monarcas en dicha conquista, en la que había estado cinco años, y juró

... que los cinco no había dormido en cama ni desnudo, e siempre con la muerte al lado e sufrido muchas necesidades que se deberían saber; e agora que estaba todo conquistado e puesto so su real señorío, e esperando mercedes, el comendador Bobadilla lo prendió por mandato de Vuestras Altezas, con mucho deshonor, e le envió acá cargado de fierros, sin pesar la cabsa dello; porque cuanto él ha fecho ha sido con muy buen fin e por servir e acrecentar su real señorío. Suplica le remedien e le manden pagar su salario, e si les puede servir en algo le han menester porque él pueda remediar su vida.

La buena acogida de los Reyes Católicos no modificó un ápice los hechos. Aunque a Cristóbal Colón le fueron reconocidos de nuevo todos los derechos como Gran Almirante y Virrey de las Indias, a partir de entonces estos cargos y títulos serían ya más nominales que efectivos.

La Corona debía recuperar todos los plenos derechos sobre la colonización de las Indias y lo hecho por Bobadilla formaba parte integrante de la política de los soberanos, consistente en no engrandecer nunca a nadie que pudiese hacerles sombra.

Y así, el 3 de septiembre, los monarcas nombraron a Nicolás de Ovando gobernador de las Indias con plenos poderes. Cristóbal Colón tenía que conformarse con una participación en el comercio de oro y otros productos de las Antillas.

Cristóbal Colón, muy astuto como siempre, advirtió que si bien en Castilla podría gozar de una vida muelle y regalada, en cambio su autoridad sería ya nula, y a causa de su orgullo, por otra parte legítimo, no podía resignarse a un papel tan secundario.

Desde que llegó a España después del tercer viaje, envió toda clase de cartas y documentos a los Reyes, con el fin de que le permitiesen equipar unas naves para emprender un cuarto viaje.

Los monarcas no sólo no le quitaron esperanzas, sino que las alentaron; sin embargo, la primera promesa firme que recibió fue una carta con fecha del 26 de febrero de 1502, comunicándole que estaban ultimándose los preparativos para la expedición.

Pero había algunas condiciones bastante severas: no podría recalar en Santo Domingo ni en La Española; sus exploraciones debían ceñirse a la línea de demarcación del Tratado de Tordesillas, que era una concesión que hacía el Papa a los Reyes Católicos, y en virtud del cual el propio rey de Portugal, Juan II, había tenido que negociar con los monarcas españoles las zonas de influencia de los respectivos países en las tierras descubiertas o por descubrir. Este tratado se firmó en Tordesillas el 7 de junio de 1494, desplazando la línea de demarcación que se había fijado en la bula *Inter Caetera* a la que ya hemos aludido.

Asimismo, Colón debía dar buen trato a sus tripulantes, tenían prohibido hacer esclavos o tratar rescates privados. Su única misión consistía en informar de la naturaleza de los indios y de sus tierras.

En aquellos momentos, Colón contaba con 49 años y padecía de artritis y problemas de la vista. Pese a todo, estaba muy animoso porque esperaba todavía descubrir el paso de un océano a otro, que él situaba aproximadamente por el istmo de Panamá.

Antes de partir puso todos sus asuntos en orden, particularmente lo relativo a sus legados y disposiciones testamentarias. Aparentemente, en esta época él ya se da cuenta de que en realidad no ha estado en la India, ni en el "quesonero áureo" ni en el paraíso terrenal; ahora comprende ya su triple fracaso y desea convencerse de que en esta ocasión por fin logrará encontrar algo realmente desconocido e importante para la historia y para su renombre.

El Almirante se embarcó en este viaje no por gusto, sino para complacer a los monarcas —escribe Luis Arrans—, *quienes se lo pidieron insistentemente. Él había cumplido ya lo que prometió en un día, lo que descubrió, descubierto estaba.*

En realidad, la finalidad de los monarcas era llegar a la llamada "Especiería" o a las Molucas, para adelantarse a sus más tenaces competidores de entonces: los portugueses, clavando en el codiciado archipiélago el pendón castellano. Esta vez había que encontrar el paso "de la Mar Océana al Índico". Si Colón lo lograba, todos sus errores quedarían olvidados.

¿Por qué se había producido esa rápida carrera hacia la Especiería? De momento, Castilla no se había inquietado, incluso se había apuntado un tanto cuando Colón, de regreso del primer viaje, fue recibido en Lisboa por el soberano, quien le pidió noticias sobre lo realizado, pensando que iba perdiendo la partida; pero cuando se conoció más del asunto, los portugueses redoblaron sus esfuerzos, lo que dio por resultado su llegada a Calicut, en la expedición dirigida por Vasco da Gama, quien no cejaba en su empeño, y dos meses antes que Colón (en febrero) se había echado a la mar con destino al Oriente.

En vista de todo esto, era lógico que los Reyes Católicos animaran a Colón a hacerse cuanto antes a la mar. Esta urgencia queda reflejada en la carta enviada desde Valencia de la Torre:

Las mercedes que vos tenemos fechas vos serán guardadas enteramente según la forma a tenor de nuestros privilegios que dellas tenéis sin ir en cosa contra ellas, y vos y vuestros hijos gozaréis dellas como es razón; y si necesario fuere confirmarlas de nuevo las confirmaremos, y a vuestro hijo mandaremos poner en la posession de todo ello, y en más que esto tenemos la voluntad de vos honrar y facer mercedes, y de vuestros hijos y hermanos. Nos tendremos el cuidado que es razón, y todo esto se podrá facer yendo vos en buena hora y quedando el cargo a vuestro hijo como está dicho; y así vos rogamos que en vuestra partida no haya dilación.

El cuarto viaje

En realidad, el cuarto viaje fue una sucesión de contratiempos desde el principio hasta el final.

El Almirante partió nuevamente de Cádiz el 6 de mayo de 1502, al mando de una flotilla formada por cuatro naves de gavia, de 60 toneladas de porte la mayor y 50 la menor, con 140 hombres elegidos por él mismo, entre los que se encontraba su hermano Bartolomé y su hijo menor, Fernando.

Se encaminaron a las Canarias y de allí llegaron el 15 de junio a la isla de Matininó (Martinica) en el Caribe, donde descansaron tres días ... *para aguar y lavar la ropa.*

De ahí se dirigieron a Santo Domingo, pero el gobernador, Ovando, les impidió la entrada en el puerto, cumpliendo órdenes recibidas de España. En aquellos días tenían que partir para la península los que conducían al antiguo gobernador, recientemente destituido, Bobadilla, y a Roldán, junto a sus compañeros rebeldes.

De esto dice Fernando Colón:

Mi padre avisó noblemente a esta escuadra del grave peligro que corría. Pero ante la obstinación de Ovando hubo que hacerse a la mar, donde naufragó apenas salida, a causa del huracán del que les había prevenido mi padre. Se ahogó el pesquisidor, Roldán y toda la gente, perdiéndose para la Historia mucha y buena documentación que arrojaba luz sobre el comportamiento de mi padre y mis tíos en el gobierno de la Española.

Colón y los suyos tuvieron más suerte, pues pese al tiempo inclemente llegaron a Jamaica y desde ahí al Jardín de la

Reina, la isla de Guanagua y los cabos de Gracias a Dios y de Honduras, éste ya en tierra firme y de Cariay. En esta travesía emplearon 88 días.

Fue en Cariay donde Colón oyó hablar a los indios, por primera vez, de las provincias de Ciamba y Veragua, ricas en oro. La ambición desmedida de Colón se acrecentó al oír que los indios mencionaban tales riquezas, por lo que puso rumbo hacia tales tierras, con la firme esperanza, además, de encontrar un paso que le permitiera atravesar de un océano al otro, con la idea de encontrar por fin los territorios del gran Khan.

Tras varios contratiempos, de los cuales no fue el menor el mal tiempo reinante de manera constante en toda la zona, por fin el día de la Epifanía de 1503 llegaron a Veragua, y al día siguiente comenzó a llover torrencialmente.

El día 24, una riada rompió amarras y proeses, amenazando llevarse los barcos. Aquel tiempo infernal que les perseguía sin cesar duró hasta el 14 de febrero.

Pero el Almirante no encontró el paso tan ansiosamente buscado, pese a haber enviado a tierra a 60 hombres, los cuales no tardaron en encontrar minas e indios que señalaban todo el horizonte como lleno de filones riquísimos de oro.

De buena gana, Colón habría seguido buscando el paso, más para satisfacer el ansia de oro de sus gentes (y el propio), se asentó en Veragua donde trató de ganarse la buena voluntad de un reyezuelo llamado Quibian.

Pero la codicia y el mal comportamiento de la gente de Colón hizo que las relaciones con aquella gente pacífica se malograsen, llegando a estallar una revuelta en la que hubo muertos y prisioneros por ambas partes.

Por fin pudieron zarpar la noche de Pascua con los *navíos podridos, abrumados, todos hechos agujeros.* Abandonó uno de los barcos en Belén y otro en Belpuerto, y en los otros dos restantes siguieron rumbo a Jamaica, pasando por las islas Tortugas, teniendo por todo alimento *bizcocho casi po-*

drido y un poco de aceite y vinagre, viéndose obligados a achicar el agua con las bombas.

Cerca de Cuba casi se hundió la carabela Bermuda, en una tormenta. *Los navíos habían perdido aparejos y estaban horadados de gusanos más que un panal de abejas y la gente acobardada y perdida.*

Como las naves no podían sostenerse a flote, las encallaron en tierra, bordo con bordo, y con muchos puntales a una y otra parte, tan fijas que no se podían mover; así se llenaron de agua casi hasta la cubierta, sobre la cual, en los castillos de popa y proa se arreglaron cámaras donde pudiera la gente alojarse, con intento de hacernos allí fuertes si los indios quisieran causarnos algún daño.

Pero no sólo no les causaron daño alguno, sino que los abastecieron de todo lo necesario desde sus canoas, a cambio de baratijas que llevaba Colón.

Era preciso llegar al menos a La Española en busca de socorro, por lo que, según Fernando, las canoas preparadas para tal ocasión fueron dos. En la primera *iba Méndez con seis españoles y diez indios, y en la segunda, Fieschi con otra tanta compañía.* Corría ya el abrasador mes de julio, y en las canoas no llevaban brújula ni carta de navegación; las embarcaciones eran muy frágiles y el mar muy bravo. La sed angustiaba a los indios, quienes morían enloquecidos, con la lengua pegada al paladar, los brazos lastimados por los remos y la espalda llagada por el sol.

Así navegaron tres días con sus noches, hasta llegar a Navavasa, de donde al día siguiente continuaron con rumbo a La Española.

Después de caminar —cuenta el padre Las Casas—, *encontraron al gobernador general, quien los retuvo a su lado varios meses, sin darles la respuesta ni el socorro que demandaban ni permitirles regresar a Jamaica o trasladarse a Santo Domingo para fletear por su cuenta el barco salvador.*

Según algunos historiadores esto fue así por temor a que Colón intentase recobrar por la fuerza el gobierno de La Española; según otros, el rumor de que, disgustado con los Reyes, Colón se proponía entregar las islas a los genoveses.

Hasta mayo de 1504 no pudo Diego Méndez enviar barco alguno al Almirante; cuando logró fletar uno, se embarcó para Castilla, llevando a los Reyes la famosa "carta del cuarto viaje", de la que aquí se han reproducido algunos pasajes, que estaba firmada el 7 de julio de 1503, en Jamaica.

Mientras Ovando, por causas todavía no conocidas, pero sí crueles, retenía en su campamento en Xaragué a los intrépidos Méndez y Fieschi, sin permitir que volvieran a Jamaica para dar cuenta a Colón de su encargo, los prisioneros, encallados en Belpuerto, padecían de hambre y de un enorme tedio, sintiendo la añoranza de la lejana patria.

Esta situación los condujo a planear una conspiración, a cuyo frente se encontraba el capitán Francisco de Porras, anunciando la marcha hacia Castilla.

Colón no logró calmar la rebeldía, y los seguidores de Porras emprendieron la ruta hacia la Española, asaltando diez canoas indias; en ellas costearon la zona de Jamaica, atacando poblaciones de indios y capturando a los jóvenes y fuertes para usarlos de remeros.

Cuando estuvieron cuatro leguas en alta mar, el viento se les mostró contrario y los obligó a regresar, tras arrojar al agua a varios indios para aligerar las embarcaciones. De nuevo en tierra, acamparon en una aldea, y un mes más tarde volvieron a intentar la travesía, fracasando de nuevo. Perdidas las canoas y toda la esperanza, decidieron no volver junto al Almirante y se convirtieron en ladrones furtivos, merodeando en las aldeas de la región y sembrando el terror entre los indios.

Mientras tanto, por haberse agotado en Balpuerto (Portobelo) los sacos de baratijas que servían de intercambio con los indios para obtener víveres, éstos empezaron a mostrarse reacios a dar su maíz. La situación era ya crítica, pero Dios (según Colón, siempre gran actor y fiel a su creencia de ser el elegido del cielo), le inspiró al Almirante una estratagema mucho más convincente para motivar la ingenuidad de los indios.

En efecto, Colón recordó que en el calendario del Regiomontano que tenía en la recámara, los astrónomos anunciaban para el día 22 de febrero de 1504 un eclipse total de luna, y como los indios debían ignorar por completo las leyes físicas que rigen tales fenómenos, no le sería difícil hacer que aceptasen la versión que les daría Colón sobre el caso.

De este modo, Cristóbal Colón actuó de mago y les dijo que él iba a desaparecer la luna el día previsto y no se las devolvería si no seguían dándoles el alimento que les era necesario para vivir; añadiéndoles que si se negaban, la noche sería eternamente negra para ellos.

La comedia salió a pedir de boca, pues el fenómeno ocurrió tal lo previsto y los indígenas quedaron estupefactos y asustadísimos ante la magia del Almirante, quien con un ánimo histriónico, esa noche fue haciendo que la luna se oscureciera a base de gestos y toda clase de aspavientos; así que todos cayeron de rodillas ante él y volvieron a suministrarle los víveres que requerían.

Ya reanimados los marineros, en vez de agradecer a Colón por su astuta medida, muchos empezaron a planear el abandonarlo a su suerte, pero este plan no se llevó a cabo porque cuando menos lo pensaban, se vio en el horizonte una carabela enviada al fin por Ovando. Pero en ella no había suministros ni se les concedía la repatriación; en la carabela sólo había un barril de vino, medio cerdo asado y las buenas palabras del gobernador, además de una carta de Diego Méndez dando cuenta de las peripecias de su viaje.

El mismo día de su arribo, la nave de Ovando regresó a la Española, tras recoger una carta doliente que Colón le dirigió a Ovando.

Como ya podía tener una cierta seguridad de que serían salvados, el Almirante llamó a los rebeldes, pues tal vez quería regresar a Castilla por lo menos con parte de los hombres y en calidad de Almirante, y no como un jefe una vez más repudiado; pero los rebeldes se negaron a someterse a la autoridad de Colón, al que definitivamente ya no querían reconocer como su jefe y trataron de imponerle unas condiciones que él no podía aceptar.

Porras, entonces, decidió avanzar hasta las naves encalladas y tomar prisioneros al Almirante, a Bartolomé y a Fernando; pero Colón se enteró de ese proyecto y envió a Bartolomé con la orden de convencerlos de no intentar sus proyectos, o en su caso, someterlos por la fuerza.

Bartolomé no los convenció, pero sí los venció; varios rebeldes murieron y los demás fueron hechos prisioneros, figurando entre ellos el mismo Porras. Al día siguiente, ellos presentaron un escrito pidiendo clemencia y jurando fidelidad a Colón.

El Almirante decidió perdonarlos, y un mes más tarde llegó la carabela enviada por Diego Méndez, que los transportó a Santo Domingo, llegando ahí el 13 de agosto de 1504.

El gobernador Ovando, hipócritamente, recibió a Colón con grandes muestras de simpatía, alojándole en su casa, aunque tratando de arrogarse toda la autoridad, rebasando la categoría del Almirante, quien, además, legalmente seguía siendo el virrey de esos territorios, por lo que Colón protestó enérgicamente, y Ovando tomó la decisión de enviar lo antes posible de regreso a España a tan indeseable huésped.

El 12 de septiembre de 1504, Cristóbal Colón abandonó el Nuevo Mundo descubierto por él. Se encontraba enfermo y avejentado por las fatigas pasadas; sufría de una artritis tan severa que en ocasiones no podía moverse por sí mismo.

El 7 de noviembre llegó a la barra de Sanlúcar y tuvieron que llevarlo a Sevilla en unas parihuelas. En Sevilla Colón tenía una casa, aunque él siempre declaró que *por no tener en Castilla ni una teja, había de comer y dormir en tabernas y mesones, en los que difícilmente podía pagar el escote.*

Desde Sevilla envió varias cartas a los Reyes, cartas que Isabel no pudo leer ya, puesto que falleció el 26 del mismo mes en Medina del Campo.

Aunque Colón siempre pensó que Isabel lo rehabilitaría solemnemente, la reina, por razones desconocidas, o sólo conocidas por sus allegados, dejó en manos de su esposo el asunto de Colón, para que estudiase y en su caso otorgase la recompensa justa por el cuarto viaje, donde el Almirante había perdido la ocasión de una épica muerte, como dijera Ximénez de Sandoval.

Carta de Colón

Serenísimos y muy altos y poderosos príncipes; Rey y Reina, nuestros señores:

De Cádiz pasé a Canarias en cuatro días, y dende las Indias en diez y seis días, onde escribía. Mi intención era dar prisa a mi viaje en cuanto yo tenía los navíos buenos, la gente y los bastimentos, y que mi derrota era en la isla de Jamaica, y en la Dominicana escribí esto. Hasta allí traje el tiempo a pedir de boca. Esa noche que allí entré fue con tormenta grande y me persiguió siempre.

Cuando llegué sobre La Española envié el envoltorio de cartas y a pedir por vuestra merced un navío por mis dineros, aunque otro que yo llevaba era innavegable y no sufría velas. Las cartas sabrán si se las dieron la respuesta. Para mí fuera mandarme de parte de ahí, que yo no pasase tiempo y que llegase a tierra.

Cayó el corazón a la gente que iba conmigo, por temor de los llevar yo lejos, diciendo que si algún caso de peligro les viniese que no serían remediados allí, antes les sería hecha alguna grande afrenta. También a quien plugo dijo que sólo el comendador había de proveer todas las tierras que yo ganase.

La tormenta era terrible y aquella noche me desmembró los navíos; cada uno llegó a su cabo sin esperanza, salvo de muerte; cada uno dellos tenía por cierto que los otros eran perdidos. ¿Quién nació, sin quitar a Job, que no muriera desesperado? ¿Qué por mi salvación y la de mi hijo, hermanos y amigos, se fuese en tal tiempo definida la tierra y puertos que, por voluntad de Dios, gané para España sudando sangre?

Y torno a los navíos que así me había llevado la tormenta y dejado a mí solo. Deparómelos Nuestro Señor cuando le plugo. El navío "Sospechoso" había echado a la mar, por escapar, hasta la isla la Gallega; perdió la barca y todos gran parte de los bastimentos; en el que yo iba, abalumado a maravilla, Nuestro Señor le salvó, que no hubo daño de una paja. En el Sospechoso iba mi hermano y él, después de Dios, fue su remedio. Y con esta tormenta, así a gatas, me llegué a Jamaica; allí se mudó de mar alta en calmería y grande corriente, y me llevó hasta el Jardín de la Reina sin ver tierra. De allí, cuando pude, navegué a tierra firme, de donde me salió el viento y corriente terrible al opósito; combatí con ellos sesenta días y en fin no le pude ganar más de sesenta leguas.

En todo este tiempo no encontré en puerto ni pude ni me dejó tormenta del cielo, agua y tombones y relámpagos de continuo, que parecía el fin del mundo. Llegué al cabo de Gracias a Dios, y de allí me dio Nuestro Señor próspero el viento y la corriente. Esto fue a 12 de septiembre. Ochenta y ocho días había que no me había dejado espantable tormenta, atando que no vide al Sol ni estrellas por mar; que a los navíos tenía yo abiertos a las velas rotas, y perdidas anclas y jarcia, cables, con las barcas y muchos bastimentos, la gente muy enferma y todos contritos y muchos con promesa de religión y no ninguno sin otros votos y romerías, hasta terminar el tiempo malo.

Llegué a tierra de Carlay, donde me detuve a remediar los navíos y bastimentos y dar aliento a la gente, que venía muy enferma. Yo, como antes dije, había llegado muchas veces a la muerte, allí supe de las minas de oro de la provincia de Ciamba, que yo buscaba.

Dos indios me llevaron a Carambaru, donde la gente anda desnuda y al cuello un espejo de oro, mas no le querían vender ni dar a trueque. Nombráronme muchos lugares en la costa del mar, donde decían que había oro y minas; el postrero era Veragua, y lejos de allí obra de veinticinco leguas, partí con intención de los tentar a todos y llegando ya al medio supe que había minas a dos jornadas de andadura. En esa noche se levantó tanta mar y viento que fue necesario correr hasta donde él quiso, y el indio adalid de las minas siempre conmigo.

En un puerto excusé diez días de gran fortuna de la mar y del cielo; allí acordé de no volver atrás a las minas y dejélas ya por ganadas. Partí, por seguir mi viaje, lloviendo; llegué a puerto de Bastimentos, adonde entré y no de grado. La tormenta y gran corriente me entró allí catorce días, después partí y no con buen tiempo.

Cuando yo hube andado quince leguas forzosamente, me reposó atrás el viento y corriente con furia. Volviendo yo al puerto donde había salido, hallé en el camino el Retrete, donde me retraje con harto peligro y enojo y bien fatigado yo y los navíos y la gente. Allí mudé de sentencia de volver a las minas y hacer algo hasta que me viniese tiempo para mi viaje y marear. Y llegado con cuatro leguas, revino la tormenta y me fatigó tanto, que ya no sabía de mi parte. Allí se me refrescó el mal de la llaga; nueve días anduve perdido sin esperanza de vida; ojos nunca vieron la mar tan alta, y hecha espuma.

Allí me detenía en aquella mar hecha sangre, hirviendo como caldera por gran fuego. El cielo jamás fue visto tan espantoso; un día con una noche ardió como horno; y así echaba la llama con los rayos, que cada vez miraba yo si me había llevado los mástiles y las velas. La gente estaba molida que deseaba de verdad la muerte para salir de tantos martirios.

Cuando plugo a Nuestro Señor, volví a Puerto Gordo, donde reparé lo mejor que pude. Volví otra vez hacia Veragua, aunque ya no estuviera para ello. Llegué casi donde antes y allí me salió otra vez el viento y corrientes al encuentro. Y volvió otra vez al puerto, que no osé esperar la oposición de Saturno con mares tan desbaratados en costa brava.

Esto fue el día de Navidad, entre horas de misa. Volví otra vez donde yo había salido con harta fatiga y, pasado el Año Nuevo, torné a la porfía. Día de la Epifanía llegué a Veragua, ya sin aliento. Allí me deparó Nuestro Señor un río y seguro puerto. Metíme en él con pena y al día siguiente recordé la fortuna; si me halla fuera, no pudiera entrar a causa del banco que había en la entrada. Llovió sin cesar hasta el 14 de enero y estando ya seguro a 24 de enero, de improviso vino el río muy alto y fuerte; quebróme las amarras y proeses y hubo de llevar los navíos, y cierto los vi en mayor peligro que nunca.

Remedió Nuestro Señor como siempre hizo. A 6 de febrero, lloviendo, envié setenta hombres a tierra adentro, y a las cinco leguas hallaron muchas minas; los indios que iban con ellos los llevaron a un cerro muy alto y de allí les mostraron hacia toda parte cuanto los ojos alcanzaban, diciendo que en toda parte había oro y que hacia el Poniente llegaban las minas veinte jornadas, y nombraban las villas y lugares y donde había de ello más o menos.

Después supe yo de que el Quibian que había dado estos indios les había mandado que fuesen a mostrar las minas lejos y de otro su contrario, y que adentro de su pueblo cogía, cuando él quería, un hombre en diez días una moneda de oro. Los indios sus criados y testigos de esto traigo conmigo. Donde él tiene el pueblo llegan las barcas. Volvió mi hermano con esa gente y todos con oro que habían cogido en cuatro horas que fue allá a la estaca. Asenté pueblo y di muchas dádivas al Quibian, que así llamaban al señor de la tierra. Y bien sabía que no había de durar la concordia, ellos muy rústicos y nuestra gente muy importuna, y me aposesionaba en su término.

Después que él vido las cosas fechas y el tráfago tan vivo, acordó de las quemar y matarnos a todos. Muy al revés salió su propósito: quedó preso él, mujeres e hijos criados; bien que su prisión duró poco. El Quibian se huyó a un hombre honrado, a quien se había entregado con guarda de hombres; y los hijos se fueron a un maestre del navío, a quien se dieron en él a buen recaudo.

En enero se había cerrado la boca del río. En abril los navíos estaban todos comidos de broma y no los podía sostener sobre el agua. En ese tiempo hizo el río un canal por donde saqué tres de ellos con gran pena. Las barcas volvieron adentro por la sal y agua. La mar se puso alta y fea, y no dejó salir afuera; los indios fueron muchos y juntos, y las combatieron, y en fin los mataron.

Mi hermano y la otra gente toda estaban en un navío que adentro, yo muy solo de fuera en tan brava costa, con fuerte fie-

"La Virgen de Cristóbal Colón", cuadro anónimo del siglo XVI.

bre, en tanta fatiga; la esperanza de escapar era muerta. Cansado me adormecí gimiendo. Una voz muy piadosa oí, diciendo: "¡Oh, estulto y tardo de creer y de servir a tu Dios, Dios de todos! ¿Qué hizo Él más por Moisés o por David su siervo? Desque naciste, siempre Él tuvo de ti muy grande cargo. Cuando te vido en edad de que Él fue contento, maravillosamente hizo sonar tu nombre en la tierra. Las Indias, que son parte del mundo tan ricas, te las dio por tuyas. Todo lo que Él promete lo comple con acrecentamiento. Ahora medio muestra el galardón de estos afanes y peligros que has pasado sirviendo a otros".

Yo, así amortecido, oí todo, mas no tuve respuesta a palabras tan ciertas, salvo llorar por mis yerros. Acabó Él de hablar, quien quiera que fuese, diciendo: "No temas, confía; todas estas tribulaciones están escritas en piedra mármol y no sin causa".

Levantéme cuando pude y al cabo de nueve días hizo bonanza. Partí en nombre de la Santísima Trinidad la noche de Pascua, con los navíos podridos, abrumados, todos hechos agujeros y allí en Belén dejé uno, y hartas cosas. En Belpuerto hice otro tanto. No me quedaron salvo dos en el estado de los otros y sin barcas y bastimentos, por haber de pasar siete mil millas de mar y de agua o morir en el camino con hijo, hermano y tanta otra gente.

Llegué el 30 de mayo a la provincia de Mago, y de allí partí para La Española. La mar brava me hizo fuerza y hube de volver atrás sin velas. Surgí a una isla adonde de golpe perdí tres anclas, y a la medianoche se rompieron las amarras al otro navío y vino sobre mí, que fue maravilla como no nos acabamos de hacer rajas; el ancla, de forma que me quedó fue ella, después de Nuestro Señor, quien me sostuvo. Al cabo de seis días, que ya era bonanza, volví a mi camino. Así, ya perdido del todo de aparejos y con los navíos horadados de gusanos más que un panal de abejas, y la gente tan acobardada y perdida, pasó algo delante de donde yo había llegado denantes.

Paré en la misma isla en más seguro puerto. Al cabo de ocho días tomé la vía y llegué a Jamaica en fin de Junio. ¿Quién creyera lo que yo aquí escribo? Digo que de cien partes, no he dicho la una en esta letra. Los que fueron con el Almirante puédenlo atestiguar.

Cuando yo descubrí las Indias, dije que era el mayor señorío rico que hay en el mundo. Yo dije del oro, perlas, piedras preciosas, especierías, con los tratos y ferias, y porque no pareció todo tan presto fui escandalizado.

Este castigo me hace ahora que no diga salvo lo que yo oigo de los naturales de la tierra. De una oso decir, porque hay tantos testigos y es que yo vide en esta tierra de Veragua mayor señal de oro en dos días que en La Española en cuatro años, y que las tierras de la comarca no pueden ser más hermosas ni más labradas ni la gente más cobarde, y buen puerto y hermoso río defensible del mundo.

Todo esto es seguridad de los cristianos y certeza de señorío, con tan grande esperanza de la honra y acrecentamiento de la religión cristiana.

Tan señores son Vuestras Altezas de esto como de Jerez o Toledo; sus navíos que fueren allí van a su casa. De allí sacarán oro; en otras tierras, para haber de lo que hay en ellas conviene que se lo lleven, o volverán vacíos; y en la tierra es necesario que fíen de su persona de un salvaje.

Genoveses, venecianos y toda gente que tenga perlas, piedras preciosas y otras cosas de valor, todas las llevan hasta el cabo del mundo para las trocar, convertir en oro; el oro es excelentísimo; del oro se hace tesoro y con él, quien lo tiene, hace cuanto quiere en el mundo, y llega a que echa las almas al Paraíso.

Los señores de aquellas tierras de la comarca de Veragua, cuando mueren, entierran el oro que tienen en el cuerpo; así lo dicen. A Salomón llevaron de un camino seiscientos sesenta y seis quintales de oro, allende lo que llevaron los mercaderes marineros, y allende lo que se pagó en Arabia. De este oro hizo doscientas lanzas y trescientos escudos e hizo el tablado que debía estar arriba de ellas de oro y adornado de piedras preciosas, e hizo otras muchas más cosas de oro y vasos muchos y muy grandes y ricos de piedras preciosas.

Josefo, en su crónica De Antiquitatibus, *lo escribe. En el* Paralipomenon *y en el* Libro de los Reyes *se cuenta de esto. Josefo quiere que este oro se hubiese en la Áurea. Si así fuese, digo que aquellas minas de la Áurea son unas y se convierten en estas de Veragua. Salomón compró todo aquello: oro, piedras y plata, y de allí le pueden mandar a coger si les place. David, en su testamento, dejó tres mil quinientos quintales de oro de las Indias a Salomón para ayudar a edificar el templo, y según Josefo era él de estas mismas tierras.*

Jerusalén y el Monte Sión ha de ser reedificado por manos de cristianos. Quien ha de ser, Dios por boca del profeta en el décimo cuarto salmo, lo dice: El Abad Joaquín dijo que éste había de salir de España. El emperador de Catayo ha días que mandó sabios para que le enseñen en la fe de Cristo. ¿Quién será que se ofrezca a esto? Si Nuestro Señor me lleva a España, yo me obligo a llevarlo, con el nombre de Dios siempre en salvo.

Esta gente que vino conmigo han pasado increíbles peligros y trabajos. Suplico a Vuestras Altezas, porque son pobres, que les mande pagar luego y les haga mercedes a cada uno según la calidad de la persona, que les certifico que, a mi creer, les traen las mejores nuevas que nunca fueron de España.

Yo tengo en más esta negociación y minas con esta escala y señorío, que todo lo otro que está hecho en las Indias...

Yo vine a servir de veintiocho años y ahora no tengo cabello en mi persona que no sea cano y el cuerpo enfermo, y gastado cuanto me quedó de aquéllos y me fue tomado y vendido a mis hermanos hasta el sayo, sin ser oído ni visto, con gran deshonor mío...

Suplico pues, humildemente, a Vuestras Altezas que, si a Dios le place de me sacar de aquí, que haya por bien mi ida a Roma y otras romerías. Cuya vida y alto estado guarde la Santa Trinidad y acreciente.

Hecha en las Indias, isla de Jamaica, a 7 de julio de 1503 años.

Los últimos días

El rey Fernando, entristecido por la muerte de su esposa Isabel (aunque en la vida de ésta se había consolado por anticipado en los brazos de Germana de Foix, con la que más adelante se casó públicamente), y el cardenal Jiménez de Cisneros, se ocupaban de remediar los males internos de la nación, sin prestar mucha atención a las lamentaciones del Almirante, impedido y casi ciego, que se arrastraba penosamente de Sevilla a Segovia, donde estuvo en mayo de 1505 con el fin de entrevistarse con el rey, quien lo recibió con cierta frialdad, a pesar de lo cual le prometió la restauración de todos los privilegios que se le habían concedido, además de otras nuevas mercedes.

Colón no creyó todas las palabras de Fernando, por lo que exigió la restitución del virreinato y el gobierno para sí o para Diego, su hijo, al que acababa de unir a una joven doncella de la casa ducal de Alba, doña María de Toledo, hija del maestro de León, don Fernando de Toledo, y sobrina del duque de Alba, don Fadrique.

Fernando el Católico, regente de Castilla por la muerte de su esposa Isabel, sin olvidar los errores administrativos y políticos de los Colón en La Española (y tal vez dando oídos acerca de un enamoramiento de Isabel hacia Colón, del que muchos biógrafos se han hecho eco), negó repetidas veces tal petición, según Jiménez de Sandoval, "solamente por razones políticas", cosa bastante creíble a la luz de los hechos.

Perdidas todas las esperanzas y agotado por aquel cuarto viaje, Colón cayó enfermo en Valladolid, refugiándose en una casa que aparentemente era de su propiedad, o que tal vez había recibido en préstamo; lo que niega la leyenda de que Colón pasó su enfermedad en sórdidos tugurios o en mesones de baja estofa. Las protestas de extrema pobreza que figuran en las cartas de Colón no eran más que una forma lastimera de motivar el buen ánimo de los monarcas; aunque después fueron recogidas y difundidas por sus principales biógrafos: el padre Las Casas y su hijo Fernando, en su afán de hacer más destacable la injusticia de los Reyes.

En cama fue transcurriendo para Colón todo el mes de mayo de 1506, y fue entonces que, en algún momento de menor sufrimiento físico y mental, hizo llamar al escribano Pedro de Hinojedo y le dictó su último testamento, derogando los dos anteriores, de 1498 y 1502.

Dos días más tarde, el 20 de mayo de 1506, falleció Cristóbal Colón, el hombre misterioso, el aventurero que había abierto para España y para el mundo un inmenso territorio, que ni siquiera llegó a llevar su nombre, sino el de un oscuro cartógrafo llamado Américo Vespucio. Las demás injusticias que se cometieron en su contra tienen cierta lógica, pero ahora vemos como una de las mayores injusticias de la historia el que este continente no se llame, todo él, Colombia.

Testamento de Cristóbal Colón

En el nombre de la Santísima Trinidad, el cual me puso en memoria y después llegó a perfecta inteligencia que podría navegar e ir a las Indias de España, pasando el Mar Océano al Poniente, así lo notifiqué al Rey Don Fernando y a la Reina Doña Isabel, Nuestros Señores, y les plugo de me dar aviamiento, y aparejo de gentes y navíos, y de me hacer su Almirante en el dicho océano, allende de una raya imaginaria que mandaron señalar sobre las islas del Cabo Verde y aquéllas de las Azores, cien leguas que pasa de polo a polo, que dende en adelante al Poniente fuese su Almirante, y que en la tierra firme e islas que yo hallase y descubriese y dende que en adelante que dende estas tierras fuese yo Virrey y Gobernador y sucediese en los dichos oficios mi hijo mayor, y así de grado para siempre jamás, y yo hubiese el diezmo de todo lo que en el dicho hallase y hubiese y rentase, y asimismo la octava parte de las tierras y de todas las otras cosas, y el salario que es razón llevar por los oficios de Almirante, Visorrey y Gobernador, y con todos los otros derechos, pertenecientes a los dichos oficios, así como todo más largamente se contiene en éste mi privilegio y capitulación que de sus Altezas tengo.

Y plugo a Nuestro Señor Todopoderoso que en el año de noventa y dos descubriese la tierra firme de las Indias y muchas islas, entre las cuales es La Española, que los indios llaman Ayte y los monipongos de Cipango. Después volví a Castilla y Sus Altezas me tornaron a recibir la empresa y a poblar y descubrir más, y así me dio Nuestro Señor victoria, con que conquisté e hice tributaria a la gente de La Española, y descubrí muchas islas a los caníbales y setecientas al poniente de La Española, entre las cuales es aquélla de Jamaica, a que nos llamamos de Santiago, a trescientas y treinta y tres leguas de tierra firme de la parte del Austro al Poniente, allende de ciento y siete a la parte de Septentrión, que venía descubriendo al primer viaje con muchas islas, como más largo se verá por mis escrituras y memorias y cartas de navegar.

Primeramente que ha de suceder a mí Don Diego, mi hijo, y si de él dispusiere Nuestro Señor antes que él hubiese hijos, o yo hubiese otro hijo, que suceda Don Bartolomé, mi hermano, y dende su hijo mayor, si de él dispusiera Nuestro Señor sin heredero, que suceda D. Diego, mi hermano, siendo casado o para poder casar, y que suceda a él su hijo mayor, y así de grado en grado, perpetuamente para siempre jamás, comenzando en Don Diego, mi hijo y sucediendo sus hijos, de uno en otro perpetuamente, o falleciendo el hijo suyo suceda Don Fernando, mi hijo, como dicho es, y así su hijo, y prosigan de hijo en hijo, para siempre él y los sobredichos Don Bartolomé, si a él llegare, y a Don Diego, mis hermanos. Y así a Nuestro Señor plugiese que, después de haber pasado algún tiempo este mayorazgo en uno de los dichos sucesores viniese a prescribir herederos hombres legítimos, haya dicho mayorazgo y le suceda y herede el pariente más allegado a la persona que heredado lo tenía en cuyo poder prescribió, siendo hombre legítimo que se llame y se haya siempre llamado de su padre y antecesores llamados de los Colón. Y si esto acaeciera (lo que Dios no quiera), que en tal caso lo haya la mujer más allegada en deudo y en sangre legítima a la persona que así había logrado el dicho mayorazgo; y suplico al Santo Padre que ahora es y que sucederá en la Santa Iglesia ahora o cuando ascendiere, que este mi compromiso y testamento haya de menester para se cumplir de su santa ordenación y mandamientos, que en virtud de obediencia y so pena de excomunión papal lo mande, y que en ninguna manera jamás se disforme; y asimismo lo suplico al Rey y a la Reina, Nuestros Señores, y al príncipe Don Juan, su primogénito, Nuestro Señor, y a los que le sucedieren, por los servicios que yo les he hecho que, siendo yo nacido en Génova, les vine a servir aquí, en Castilla y les descubrí al Poniente de la tierra firme las Indias y las dichas islas sobredichas.

Primeramente, traerá Don Diego, mi hijo y todos los que de mí sucedieren y descendieren, y así mis hermanos Don Bartolomé y Don Diego, mis armas, que yo dejaré después de mis días sin entreverar más ninguna cosa que ellas, y sellará con sello de ellas. Don Diego, o cualquier otro que heredase este mayorazgo, después de haber heredado y estado en posesión de ello, firme de mi firma, la cual ahora acostumbro, que es una X con una S encima, y una M con una A romana con una S encima, con sus rayas y vírgulas, como yo hago ahora y se parecerá por mis firmas, de las cuales encima, y encima de ellas una S y después una Y griega se hallarán muchas y por esta parecerá.

Y no escribiría sino "El Almirante" puesto que otros títulos el Rey le diese o ganase; esto se entiende en la firma y no en su dictado, que podrá escribir con todos sus títulos como le plugiere. Solamente en la firma escribirá "El Almirante".

Habrá dicho Don Diego, o cualquier otro que heredase este mayorazgo mis oficios de Almirante del Mar Océano, que es de la parte del Poniente de una raya que mandó asentar imaginaria Su Alteza a cien leguas sobre las islas de las Azores y otro tanto sobre las de Cabo Verde, la cual parte de polo a polo, allende la cual mandaron y me hicieron su Almirante en la mar, con todas las preeminencias que tiene el Almirante Don Henrique en el Almirantazgo de Castilla, y me hicieron su Visorrey y Gobernador perpetuo para siempre jamás, y en todas las islas y tierra firme descubiertas o por descubrir por mí, para mí o para mis herederos, como más largo parece por mis privilegios, los cuales tengo, y por mis capítulos, como arriba dije.

Item: Que el dicho Don Diego o cualquier otro que heredare el dicho mayorazgo, repartirá la renta que a Nuestro Señor le plugiere le dar en esta manera so dicha pena.

Primeramente, dará todo lo que este mayorazgo rentare ahora y siempre y de él o por él se hubiere y recaudare, la cuarta parte de cada año a Don Bartolomé Colón, Adelantado de las Indias, mi hermano, y esto hasta que él haya de su renta un cuento de maravedís para su mantenimiento y trabajo que ha tenido tiene de servir en este mayorazgo, el cual dicho cuento levará, como dicho es, cada año, si la dicha cuarta parte tanto montare, si él no tuviese otra cosa; más, teniendo algo o todo en renta, que dende en adelante no lleve el dicho cuento ni parte de ello, salvo que dende ahora habrá en la dicha cuarta parte hasta la dicha cuantía de un cuento, si allí llegare, y tanto que él haya de renta fuera de esta cuarta parte cualquier suma de maravedís de renta conocida de bienes que pudiere arrendar u oficios perpetuos, se le descontará la dicha cantidad que así habrá de renta o podría haber de los dichos sus bienes oficios perpetuos, y del dicho un cuento será reservado cualquier dote o casamiento que con la mujer que con él se casare hubiere; así que todo lo que él hubiere con la dicha mujer no se entenderá que por ello se le haya de descontar nada de dicho cuento, salvo de lo que él ganare o hubiere allende del dicho casamiento de su mujer, y después que plega a Dios que él o sus herederos o quien de él descendiere haya un cuento de renta de bienes y oficios, si los quisiere arrendar, como dicho es, no habrá él ni sus herederos más de la cuarta parte de dicho mayorazgo nada, y lo habrá el dicho Don Diego a quien heredare.

Item: Habrá de la dicha renta del dicho mayorazgo o de otra cuarta parte de ella del dicho Don Fernando, mi hijo, un cuento cada año, si la dicha cuarta parte tanto montare, hasta que él haya dos cuentos de renta por la misma guisa y manera que está dicho de Don Bartolomé, mi hermano, él y sus herederos, así como Don Bartolomé, mi hermano, y los herederos, del cual habrán el dicho un cuento o la parte que faltare para ello.

Item: el dicho Don Diego y Don Bartolomé ordenarán que haya de la renta del dicho mayorazgo Don Diego, mi hermano, tanto de ello con lo que se pueda mantener honestamente, como mi hermano que es, al cual no dejo cosa limitada, porque él quiere ser de la Iglesia, y le darán lo que fuere razón, y esto sea del montón mayor, antes que se de nada a Don Fernando, mi hijo, ni a Don Bartolomé, mi hermano o a sus herederos, y también según la cantidad que rentare el dicho mayorazgo; y si en esto hubiese discordia, que en tal caso se remita a dos parientes nuestros o a otras personas de bien que ellos tomen la una y él tome la otra, y si no se pudiesen concertar, que los dichos dos compromisos escojan otra persona de bien que no sea sospechosa a ninguna de las dos partes.

Item: Que esta renta que yo mando dar a Don Bartolomé y a Don Fernando y a Don Diego, mi hermano, la hayan y les sea dada, como arriba dije, en tanto que sean leales y fieles a Don Diego, mi hijo, o a quien heredare, ellos y sus herederos; y si se hallase que fuesen contra él en cosa que toque o sea contra su honra y contra acrecentamiento de mi linaje o del dicho mayorazgo, en dicho o hecho, por lo cual pareciese o fuese escándalo y abatimiento de mi linaje y menoscabo del dicho mayorazgo o cualquiera de ellos, que éste no haya dende en delante cosa alguna; así que siempre sean fieles y leales a Don Diego o a quien le heredare.

Item: Porque en el principio que yo ordené este mayorazgo tenía pensado de distribuir, y que Don Diego, mi hijo, o cualquier otra persona que le heredase, distribuyeran de él la décima parte de la renta en diezmo y conmemoración del Eterno Dios Todopoderoso en personas necesitadas; para esto ahora digo que por ir y que vaya adelante mi intención y para que su Alta Majestad me ayude a mí y a los que esto heredaren acá o en el otro mundo, que todavía se haya de pagar el diezmo dicho de esta manera.

Primeramente, de la cuarta parte de la renta de este mayorazgo de la cual yo ordeno y mando que se dé y haya Don Bartolomé hasta tener un cuento de renta, que se entienda que en este cuento va el dicho diezmo de toda la renta de dicho mayorazgo, y que así como creciere la renta del dicho Bartolomé, mi hermano, porque se haya de descontar de la renta de la cuarta parte del mayorazgo algo o todo, que se vea y cuente toda la renta sobredicha para saber cuánto monta el diezmo de ello, y la parte que no cabiere o sobrase a lo que hubiere de haber el dicho Don Bartolomé para el cuento, que esta parte la hayan las personas de mi linaje en descuento del dicho diezmo los que más necesitados fueren y más menester lo hubieren, mirando de la dar a personas que no tengan en cuenta mil maravedís de renta, y si el que menos tuviese llegare hasta la cuantía de cincuenta mil maravedís de renta, haya la parte que pareciere a las dos personas que sobre esto aquí eligieron Don Diego o quien heredare; así que se entienda que en el cuento que yo mando dar a Don Bartolomé entra la parte sobredicha del diezmo del dicho mayorazgo, y que toda la renta del mayorazgo, quiero y tengo ordenado que se distribuya en los parientes más allegados al dicho mayorazgo y que más necesitados fueren, y después que el dicho Don Bartolomé tuviere su renta en cuento y que no se le deba nada de la dicha cuarta parte, entonces y antes se verá y vea el dicho Don Diego, mi hijo, o la persona que tuviese el dicho mayorazgo con las otras dos personas que aquí diré cuenta, en tal manera que todavía el diezmo de toda esta renta se dé y hayan las personas de mi linaje que estuvieren aquí o en cualquier otra parte del mundo, adonde las envíen a buscar con diligencia, o sea de la dicha cuarta parte de la cual el dicho Don Bartolomé ha de haber el cuento; los cuales yo doy en descuento del dicho diezmo, con razón de cuenta, que si el diezmo sobredicho más montare, esta demasía salga de la cuarta parte y la hayan los más necesitados, como ya dije, y si no bastare, que lo haya Don Bartolomé hasta que de suyo vaya saliendo, y dejando de esta manera un cuento en parte o en todo.

Item: Que el dicho Don Diego, mi hijo, o la persona que heredare tomen dos personas de mi linaje, los más allegados y personas de ánimo y autoridad, las cuales verán la dicha renta y la cuenta de ella, todo con diligencia, y harán pagar el dicho diezmo de la dicha cuarta parte que se da dicho cuento a Don Bartolomé, a los más necesitados de mi linaje que estuvieren aquí o en cualquier otra parte; y pesquisarán de los haber con mucha diligencia y sobre cargo de sus ánimas. Y porque podría ser que el dicho Don Diego o la persona que heredase no querrán por algún respeto que revelaría al bien suyo y honra y sostenimiento del dicho mayorazgo que no se supiese enteramente la renta de ello, yo le mando a él que todavía le dé dicha renta sobre el cargo de su ánima, y a ellos les mando sobre cargo de sus conciencias y de sus ánimas que no lo denuncien ni publiquen, salvo cuando fuere la voluntad del dicho Don Diego o de la persona que heredare; solamente procure que el dicho diezmo sea pagado en la misma forma que arriba dije.

Item: Porque no haya diferencias en el elegir de estos dos parientes más allegados que han de entrar con Don Diego o con la persona que heredare, digo que yo luego elijo a Don Bartolomé, mi hermano, por la una, y a Don Fernando, mi hijo, por la otra, y ellos, luego que comenzaren a entrar en esto, serán obligados de nombrar otras dos personas, y sean los más allegados a mi linaje y de mayor confianza. y ellos elegirán otros dos al tiempo que hubieren de comenzar a entender en este hecho. Y así irá de unos en otros con mucha diligencia, así en esto como en todo lo otro de gobierno y bien honra y servicio de Dios y del dicho mayorazgo para siempre jamás.

Item: Mando al dicho Don Diego, mi hijo, o a la persona que heredare el dicho mayorazgo, que tenga y sostenga siempre en la ciudad de Génova una persona de nuestro linaje que tenga allí casa y mujer y le ordene renta con que pueda vivir honestamente, como persona tal allegada a nuestro linaje,, y hago pie y raíz en la dicha ciudad como natural de ella, porque podrá haber de la dicha ciudad ayuda y favor de las cosas del menester suyo, pues de ella salí y en ella nací.

Item: Que el dicho Don Diego, a quien heredare el mayorazgo envíe, por vía de cambios o por cualquier manera que él pudiere, todo el dinero de la renta que él ahorrare del dicho mayorazgo y haga comprar en su nombre y de su heredero unas compras a que dicen "logos que tiene el oficio de San Jorge", los cuales ahora rentan seis por ciento, y son dineros muy seguros, y esto sea por lo que yo diré aquí.

Item: Porque a personas de renta y de estado conviene, por servir a Dios y por bien de su honra, que se aperciba de hacer por sí y de se poder valer con su hacienda, allí en San Jorge está cualquier dinero muy seguro, y Génova es una cuidad noble y poderosa por la mar; y porque al tiempo que yo me moví para ir a descubrir las Indias fui con intención de suplicar al Rey y a la Reina, Nuestros Señores, que de la renta de Sus Altezas de las Indias hubiere, que se determinase de la gastar en la conquista de Jerusa-

lén, y así se lo supliqué. Y si lo hacen, sea en buen punto, y si no, que todavía esté el dicho Don Diego, o la persona que heredare, de este propósito de ayuntar el más dinero que pudiere para ir con el Rey Nuestro Señor, si fuere a Jerusalén a le conquistar, o ir solo con el más poder que tuviere; que placerá a nuestro señor que si esta intención tiene o tuviere, que le dará el tal aderezo, que lo podrá hacer, y lo haga. Si no tuviere para conquistar todo, le darán a lo menos para parte de ello. Y así que ayunte y haga su caudal de su tesoro en los lugares de San Jorge de Génova, y allí multiplique hasta que él tenga tanta cantidad que le parezca y sepa que podrá hacer alguna buena obra en esto de Jerusalén, que yo creo que después que el Rey y la Reina, Nuestros Señores, y sus sucesores vieren que en esto se determinan, que se moverán a lo hacer Sus Altezas o le darán la ayuda y aderezo como a criado y vasallo que lo hará en su nombre.

Mausoleo en Sevilla, donde se supone descansan los restos de Cristóbal Colón.

Item: Yo mando a Don Diego, mi hijo, y a todos los que de mí descendieren, en especial a la persona que heredare este mayorazgo, el cual es, como dije, el diezmo de todo lo que en las Indias hallare y hubiere, y la octava parte de otro cabo de las tierras y renta, lo cual todo, con mis derechos de mis oficios de Almirante y

Visorrey y Gobernador, es más de veinticinco por ciento, digo: que toda la renta de esto y las personas y cuanto poder tuvieren, obliguen y pongan en sostener y servir a sus Altezas o a sus herederos bien y fielmente hasta perder y gastar las vidas y haciendas por Sus Altezas, porque Sus Altezas me dieron comienzo a haber y poder conquistar y alcanzar, después de Dios Nuestro Señor, este mayorazgo, bien que yo les vine a convidar con esta empresa en sus reinos y estuvieron mucho tiempo que no me dieron aderezo para la poner en obra; bien que de esto no es de maravillar, porque esta empresa era ignota a todo el mundo, y no había quien nunca lo creyese, por lo cual les soy en muy mayor cargo, y porque después siempre me han hecho muchas mercedes y acrecentado.

Item: Mando al dicho Don Diego o a quien poseyere el dicho mayorazgo, que si en la Iglesia de Dios por nuestros pecados naciere alguna cisma o que por tiranía alguna persona, de cualquier grado o estado que sea o fuere, le quisiera desposeer de su honra o bienes, que, so la pena sobredicha, se ponga a los pies del Santo Padre, salvo si fuere herético (lo que Dios no quiera), la persona o personas se pongan o determinen por obra de servir con toda su fuerza y renta y hacienda y en querer librar el dicho cisma y defender que no sea despojada la Iglesia de su honra y bienes.

Item: Mando al dicho Don Diego, o la persona que heredare o estuviese en posesión de dicho mayorazgo, que de la cuarta parte que yo dije arriba que se ha de distribuir el diezmo de toda la renta, que el tiempo que Don Bartolomé y sus herederos tuvieron ahorrados los dos cuentos o parte de ellos, y que se hubiere de distribuir algo del diezmo entre nuestros parientes, deban distribuir y gastar este diezmo en casar mozas de nuestro linaje que lo hubieren menester y hacer cuanto favor pudieren.

Item: Que al tiempo que se hallare en disposición, que mande hacer una Iglesia que se intitule Santa María de la Concepción, en la isla Española, en lugar idóneo, y tenga el mejor ordenado hospital que se pueda, así como otros en Castilla y en Italia, y se ordene una capilla en que se digan misas por mi ánima y las de nuestros antecesores y sucesores con mucha devoción, que place-

rá a Nuestro Señor de nos dar tanta gente que todo se podrá cumplir lo que arriba dije.

Item: Mando al dicho Don Diego, mi hijo, o a quien heredase el dicho mayorazgo, trabaje para sostener en la isla Española cuatro Maestros en la Santa Teología, con intención de trabajar y ordenar que se conviertan a nuestra santa fe todos los pueblos de las Indias, y cuando plugiere a Nuestro Señor que la renta de dicho mayorazgo sea crecida, que así crezca de maestros y de personas devotas para tornar estas gentes cristianas, y para esto no haya dolor de gastar lo que fuera menester; y en conmemoración de lo que digo y de lo sobreescrito, hará un bulto de mármol en la dicha iglesia de la Concepción, porque traiga memoria de esto que yo digo al dicho Don Diego y a las otras personas que le vieren, en el cual bulto habrá un letrero que dirá esto.

Item: Mando a Don Diego, mi hijo, o a quien heredare el dicho mayorazgo, que cada vez se hubiere de confesar, que primero muestre este compromiso o el testador de él a su confesor y le ruegue que lo lea todo, porque tenga razón de lo examinar sobre el cumplimiento de él, y sea causa de bien y descanso de su ánima.

Jueves, en 22 de febrero de 1498
El Almirante

En la noble villa de Valladolid, a 19 días del mes de mayo, año de nacimiento de Nuestro Señor Jesucrisrto de 1506, por ante mí, Pedro de Hinojedo, escribano de cámara de Sus Altezas, y escribano y notario público en todos los reinos y señoríos, y de los testigos de suyo escritos, el Señor Don Cristóbal Colón, Almirante y Visorrey y Gobernador General de las islas y tierra firme de las Indias descubiertas y por descubrir que dijo que era; estando enfermo de su cuerpo dijo que, por cuanto él tenía hecho su testamento por ante escribano público, que él ahora ratificaba y ratifica el dicho testamento, y lo aprobaba y lo aprobó por bueno, y si necesario era lo otorgaba y otorgó de nuevo.

Y ahora, añadiendo el dicho testamento, él tenía escrito de su mano y letra un escrito que ante mí el dicho escribano mostró y presentó, que dijo que estaba escrito de su mano y letras y firmado de su nombre, que él otorgaba y otorgó todo lo contenido en el dicho escrito, por ante mí el dicho escribano, según y por vía y forma que en el dicho escrito se contenía, y todas las mandas en él contenidas para que se cumplan y valga por su última postrimera voluntad.

Y para cumplir el dicho su testamento que él tenía y tiene hecho y otorgado y todo lo en él contenido, cada una cosa y parte de ella, nombraba y nombró por sus testamentarios y cumplidores de su ánima al Señor Don Diego Colón, su hijo, y a Don Bartolomé Colón, su hermano, y a Juan de Porras, tesorero de Vizcaya, para que ellos todos tres cumplan su testamento y todo lo que en él contenido y en él dicho y escrito y todas las mandas y legados y obsequios en él contenidos. Para lo cual dijo que daba, dio, todo su poder bastante y otorgaba y que otorgó ante mí, el dicho escribano, todo lo contenido en el dicho escrito, y a los presentes dijo que rogaba y rogó que de ello fuesen testigos: Testigos que fueron presentes, llamados y rogados a todo lo que dicho es de suso, el bachiller Andrés Mirueña y Gaspar de la Misericordia, vecinos de esta dicha villa de Valladolid, y Bartolomé de Fresco y Álvaro Pérez y Juan Despinosa, y Andrés y Hernando de Vargas y Francisco Manuel y Fernán Martínez, criados del dicho señor Almirante. Su temor del cual dicha escritura, que estaba escrita de su mano y letra y firmada de su nombre, de verbo ad verbum, es ésta que sigue:

Cuando partí de España el año de quinientos y dos, yo hice una ordenanza y mayorazgo de mis bienes y de lo que entonces me pareció que cumplía mi ánima y al servicio del Dios Eterno y honra mía y de mis sucesores, la cual escritura dejé en el Monasterio de las Cuevas de Sevilla, a fray Don Gaspar, con otras mis escrituras y mis privilegios y cartas que tengo del Rey y de la Reina, Nuestros Señores. La cual ordenanza apruebo y confirmo por ésta, la cual yo escribo a mayor cumplimiento y declaración de mi intención, la cual mando que se cumpla así como aquí declaro y se contiene, de lo que se cumpliera por ésta no se haga nada por la otra, porque no sea dos veces.

Yo constituí a mi caro hijo Don Diego por heredero de todos mis bienes y oficios que tengo de juro y heredad, de que hice en el mayorazgo, y no habiendo el hijo heredero varón que herede mi hijo Don Fernando por la misma guisa, y no habiendo el hijo varón heredero, que herede Don Bartolomé, mi hermano, por la misma guisa, y si no tuviere heredero varón, que herede mi otro hermano, que se entienda así, de uno a otro el pariente más allegado a mi línea, y esto sea para siempre. Y no herede nunca mujer, salvo si no faltase no se hallar hombre, y si esto accediese, sea la mujer más allegada a mi línea.

Digo que mi voluntad es que dicho Don Diego, mi hijo, haya el dicho mayorazgo con todos mis bienes y oficios, como y por la guisa que dicho es, y que yo los tengo. Y digo que toda la renta que él tuviere por razón de la dicha herencia, que él haga diez partes de ella cada año, y que la una parte de estas diez la reparta entre nuestros parientes, los que parecieren haberlo más menester, a personas necesitadas y en otras obras pías. Y después de estas nueve partes tome dos de ellas y las reparta en treinta y cinco partes y de ellas haya Don Fernando, mi hijo, las veintisiete, y Don Bartolomé haya las cinco, y Don Diego, mi hermano, haya las tres. y porque como arriba dije, mi deseo sería que Don Fernando, mi hijo, hubiese un cuento y medio, y Don Bartolomé ciento y cincuenta mil maravedís, y Don Diego ciento, y no sé cómo haya de ser, porque hasta ahora la dicha renta del dicho mayorazgo no está sabida ni tiene número, digo que se siga esta orden que arriba dije y que placerá a Nuestro Señor que las dichas dos partes de las dichas nueve abastarán y llegarán a tanto acrecentamiento que ellas habrá en dicho un cuento y medio para Don Fernando, y ciento cincuenta mil para Don Bartolomé y cien mil para Don Diego. Y cuando placerá a Dios que esto sea a que si las dichas dos partes, se entiende de las nueve sobredichas, llegaren cuantía de un ciento y cincuenta mil maravedíes, que toda la demasía sea y la haya Don Diego, mi hijo, o quien le heredare; y digo y ruego al dicho Don Diego, o a quien le heredare, que si la renta de este dicho mayorazgo creciere mucho, que me hará placer acrecentar a Don Fernando y a mis hermanos la parte que ahí va dicha.

Digo que esta parte que yo mando dar a Don Fernando, mi hijo, que hago de ella mayorazgo para él, y que le suceda su hijo mayor, y así, de uno en otro perpetuamente, sin que la pueda vender ni trocar ni dar ni enajenar por ninguna manera, ya sea por la guisa y manera que está dicha en el otro mayorazgo que yo he hecho en Don Diego, mi hijo.

Digo a Don Diego, mi hijo, y mando que en tanto que él tenga renta del dicho mayorazgo y herencia, que pueda sostener en una capilla, que se haya de hacer, tres capellanes que digan cada día tres misas, una a honra de la Santa Trinidad y otra a la Concepción de Nuestra Señora, y la otra por ánima de todos los fieles difuntos, y por mi ánima y de mi padre, y madre y mujer. Y que si su facultad abastare, que haga la dicha capilla honrosa y acreciente las oraciones y preces por el honor de la Santa Trinidad, y si esto puede ser en la isla Española, que Dios me dio milagrosamente, rogaría que fuese allí donde yo la invoqué, que es en la vega que se dice de la Concepción.

Digo y mando a Don Diego, mi hijo, o a quien heredare, que pague todas las deudas que dejo aquí en un memorial, por la forma que allí dice, y más las otras que justamente parecerá que yo deba. Y le mando que haya encomendada a Beatriz Enríquez, madre de Don Fernando, mi hijo, que la provea que pueda vivir honestamente, como persona a quien yo soy en tanto cargo. Y esto se haga por mi descargo de la conciencia, porque esto pesa mucho en mi ánima. La razón de ello no es lícito la escribir aquí.

Hecha a 25 de agosto de 1505.

TÍTULOS DE ESTA COLECCIÓN

Alejandro Magno
Beethoven
Buda
Confucio
Che Guevara
Cristóbal Colón
Dante
Gandhi
Hitler
Jesús
Juan Diego
Juan XXIII
Julio César
Leonardo Da Vinci
Mahoma
Marco Polo
Miguel Ángel
Mozart
Napoleón
Pancho Villa
Pitágoras
San Francisco de Asís
Shakespeare

NOTAS

NOTAS

NOTAS

NOTAS

NOTAS

NOTAS

Impreso en los talleres de
Trabajos Manuales Escolares,
Oriente 142 No. 216
Col. Moctezuma 2a. Secc.
Tels. 5 784.18.11 y 5 784.11.44
México, D.F.